U0589318

可怕的盲从

习惯如何左右我们的工作和生活

[美] 艾拉·夏勒夫 著

钱志慧 徐晨怡 金晓寒 译

Anti
obedience

天津出版传媒集团

天津人民出版社

图书在版编目（CIP）数据

可怕的盲从：习惯如何左右我们的工作和生活 /（美）艾拉·夏勒夫著；
钱志慧，徐晨怡，金晓寒译. -- 天津：天津人民出版社，2017.8
　　书名原文：Intelligent Disobedience: Doing
Right When What You're Told to Do Is Wrong
　　ISBN 978-7-201-12132-1

　　Ⅰ.①可…　Ⅱ.①艾…②钱…③徐…④金…　Ⅲ.①社会心理学 –
通俗读物　Ⅳ.① C912.6-0

中国版本图书馆CIP数据核字(2017)第161983号

著作权合同登记号：图字02-2017-104号
Copyright © 2015 by Ira Chaleff
Copyright licensed by Berrett-Koehler Publishers
arranged with Andrew Nurnberg Associates International Limited

可怕的盲从：习惯如何左右我们的工作和生活

KEPA DE MANGCONG：XIGUAN RUHE ZUOYOU
WOMEN DE GONGZUO HE SHENGHUO

出　　版	天津人民出版社
出版人	黄　沛
地　　址	天津市和平区西康路35号康岳大厦
邮政编码	300051
邮购电话	（022）23332469
网　　址	http://www.tjrmcbs.com
电子邮箱	tjrmcbs@126.com

责任编辑	王昊静
策划编辑	路姜波
装帧设计	仙境工作室

制版印刷	北京凯达印务有限公司
经　　销	新华书店
开　　本	690×980毫米　1/16
印　　张	15
字　　数	150千字
版次印次	2017年8月第1版　2017年8月第1次印刷
定　　价	39.80元

版权所有　侵权必究
图书如出现印装质量问题，请致电联系调换（022-23332469）

引 言

桌子底下的秘密

到底什么是智能不服从呢？第一次听到这个术语时我也有类似的疑问，因为这两个词通常不连在一起用。

我们知道服从是什么意思：遵守命令、规则或既定的做事方法。服从通常能让生活进行得顺利些，而不服从则是以截然相反的态度对待生活中这些共同的义务，往往还会导致令人不快的后果。因此，我们理所当然地要问：在什么情况下，不服从会被认为是明智的呢？

我想你一定也不会认为那些发布命令、制定规则的权威是一贯正确的。即使你并无恶意，你也肯定质疑过权威人士的命令。在某些情境中，权威人士会基于残缺的、过时的，甚至是明显错误的信息来发布命令、制定规则。他们的初衷或许很好，但对于状况的评估和判断却可能有误，甚至这一命令本身有伦理问题。在这种情况下，奉命行事并不会达到理想的效果，甚至还可能造成灾难性的后果。此时，质疑命令显然好于服从命令。这就是智能不服从。

这看起来像是常识，但实行起来却很难。人们总认为自己有勇气抵制有害的命令，但历史事实和研究一再表明：在多数场合，大部分人都会选择服从；与你的信念相反，你通常也会迫于情境压力，选择屈服。

本书旨在帮助处于不同人生阶段、从事各类工作的人们获得一种认知和技能，以避免"只是奉命行事"的错误。不管在接到命令时受到了怎样的外部压力，你都要对自己的行为负责。你必须坚守自己的立场，即使在接受错误的命令时也要正确行事。只要你在这方面做得足够好，即便是那些发布错误命令的人也会因你而获益。

在一次给中层经理讲授"领导者与追随者之间的关系"时，我第一次听说了"智能不服从"这个词。在课堂上，我提了这样一个问题："什么时候应该服从权威，什么时候应该提出质疑呢？"这个问题对生活在复杂社会中的我们来说非常重要，因为我们工作、生活在等级体系中，别人有权向我们发出指示。

坐在我左手边的一位女士举手说道："我有个例子，就在桌子底下。"

全体听众都惊愕了片刻。她所说的"就在桌子底下"到底是什么意思呢？

学员们都没有留意到她每天把狗带进课堂的异常行为。她没有声张，狗也一直很安静地躺在她脚边，我们几乎看不见它。我在为期两周的课程中只负责上一天课，因此我只关注教室和教学设备是否能用，而没有注意到她居然带了一只狗。我的观察力也不过如此啊！

她继续解释道："我正在协助训练一只导盲犬。在我负责的这一训练阶段，狗要学会适应繁杂的社会环境，并学会服从作为导盲犬所应掌握的所有基本命令。当我完成这部分工作后，就会将它移交给一名技艺更娴熟的训练师，他（她）会教它智能不服从。"

我就像听到异响的狗一样竖起了耳朵。

"你所说的智能不服从是什么意思呢？"我本能地被这个闻所未闻的词语给吸引住了。她说道："大多数时候，导盲犬必须听从人类的指示，但有时这样是很危险的。比如，当一辆噪音极小的混合动力汽车从街边驶来时，视力欠佳的主人却命令导盲犬带他走下马路沿儿。导盲犬当然不能服从这个命令，因为它会给这个团队——人和狗——带来危险。学会不服从是一种更高级的技能，这需要一位比我更有经验的训练师来教授。"

我为这个话题思考并写作了十五年，而鲜活的例子居然近在眼前！在任何人类文化中，教育年轻人学会服从都是社会化过程的一部分。有些文化以严厉的、专断的方式来教育年轻人，有些则比较温和。不管是哪种教育方式，孩子们在成长过程中都必须对正式权威做出积极回应，当他们长大成人之后，也必须对组织的正式权威做出积极回应。

如果幼儿园老师要求大家安静地休息十五分钟，学生们就必须照做，并且不能去骚扰身旁正在睡觉的其他孩子，如果足球教练说不要在比赛前夜开派对，运动员就必须努力抵制身边同伴的诱惑，否则就得退出比赛。关于教育并强化服从意识的例子不胜枚举。

但如何在不把年轻人教得过于驯服的情况下教会他们服从呢？这个问题并没有被认真考虑过。其实，年轻人藐视权威的例子也很多，但权威的注意力都集中在了矫正、惩罚这种行为上。虽然年轻人的反抗有时会惹得人憎鬼厌，但它们并不总是危险的，它们甚至被一再证明是有创造力和建设性的。

把年轻人教得过于驯服是非常危险的，他们会把这种盲目服从的习惯带入成人阶段。我们看到过太多这样的事情：公司、政府机构、军队等组织中的职员或军人被迫协助上级掩盖问题，最终造成了不可挽回的损失。更有甚者，仅仅因为"只是奉命行事"而对人类犯下滔天罪恶的历史事件也是数不胜数。

本书将探讨如何在各种不同的情境中学习和运用智能不服从的技能，以及它们为什么在这些情境中攸关生死。这本书还将揭示为什么明智的家长、老师或组织领导者会珍视智能不服从，以及他们会如何培养年轻人智能不服从的意识等。不管你扮演什么角色，这本书都将教会你正确做事的技能和策略，即使是在外部权威迫使你做那些与你信念相悖的事情之时。

导盲犬肩负着人类主人的安危，不能有任何失误。如果它们不懂得在什么时候、以什么方式去抗命，就丧失了维护团队安全的价值。从训练导盲犬——人类最好的朋友的过程中，我们可以学到很多重要的经验并把它们转而运用到人类自身的发展中。

推荐序

　　法国哲学家保罗·利科（Paul Ricoeur）在《恶的象征》（*The Symbolism of Evil*）一书中介绍了"奴隶意志"这一概念。奴隶意志是一种在权威面前甘当奴隶的意志，它削弱了人性尊严。这样一种精神状态虽然看似极端，却远比我们认为的更加普遍。而自由的意识就是将自身从奴隶意志中解放出来。

　　从最早的社会化开始，我们就会因为服从权威——父母、老师、宗教领袖、政治家等而获得奖赏。我们的教育体系，甚至社会评价体系，都没有训练我们要适当地不服从，或者简单地区分一下服从合理权威和反抗不当权威。

　　在私人机构和公共机构中，我们经常看到这一缺失所带来的灾难性后果：成年人本应该更有判断力，但他们却乖乖顺从了所有表现出权威感的人。我们的年轻人在学校养成了盲从的习惯，当他们成年之后，还会在私人机构和公共机构中维持这一惯性。为了在服从权威和自主选择之间保持平衡，我们应该去哪儿寻找新的答案呢？

　　有两种方法。第一种方法，我们可以到传统的社会科学研究中去寻找可能的解决方案。第二种方法，我们要尝试一个全新的方向，也就是这本好书要向你展示的，我们可以从导盲犬训练中有所获益，这些导盲犬因为接受过智能不服从的训练而颇可信赖。

半个世纪前的20世纪60年代，耶鲁大学的斯坦利·米尔格拉姆（Stanley Milgram）第一次开展了关于"权威与服从"的社会科学实验，之后的20世纪70年代，我又开展了斯坦福监狱实验。米尔格拉姆的研究显示，高达三分之二的普通市民会在一名陌生权威的坚持下对他人施以电击。研究同样得出了一个正面的结论，那就是，当看到其他受试者拒绝对他人施以电击时，高达百分之九十的受试者会选择拒绝。这意味着我们倾向于服从权威，但同样会受同伴行为的影响。我们是别人的示范和榜样，我们的所作所为——不管是好的还是坏的——都会像水波一样影响到我们身边的人。

我在斯坦福大学所做的研究扩展了米尔格拉姆的范式，我们的实验不再是由单一的权威发布命令，而是把受试者放置在一个有权力运行其中的社会情境中。心智健全、身体健康的大学生志愿者被随机分成两组，分别扮演"囚犯"和"狱卒"两种角色。他们生活在一座模拟监狱中，"囚犯"全天候被关押，而"狱卒"则是八小时轮班制。我们本打算进行为期两周的实验，但在六天后就不得不因为局面失控而终止了。

我们的本意是想让这些大学生志愿者认为他们就是生活在真实监狱里的囚犯和狱卒。这个目标的完成情况远远超出我们的预想。在善良的人和邪恶的环境的对决中，前者输给了后者。换言之，在一个由权力和律令主导的社会环境中，个人的品性与他们的实际表现已经完全没有关系了。

即便是我本人，也在那种情况下陷入了权力滥用，我错误地扮演了项目负责人和监狱管理者的双重角色。在后一种角色中，我变得对这些年轻人所受的伤害漠不关心，没有及时制止"狱卒"的暴虐行为。这次研究附带表明，人类行为受到环境影响和控制的程度，远超我们的想象，即便我们一直相信是自由意志和内在决心主导着我们的行为。

前不久，我和同事皮耶罗·博基亚罗（Piero Bocchiaro）在荷兰和西西里两地做了一些调查，试图发现哪种环境能够触发对不当权威的抵抗。我们引入了"建设性不服从"这个概念，如果服从某些律法、规章和权威就会阻碍社会的道德进步，那么我们就要用平和的方式抵抗它们。

当我们向大学生描述一个场景并明确指出，在此场景中，一个权威人士会对他们提出不道德、不合理的要求，然后让他们描述自己的反应。你猜怎么着？他们绝大部分人都说会进行反抗。然而，当他们的同学被实际放置在这样的场景中时，情况却完全相反——超过百分之八十的人选择了盲目服从！这再次说明，情境的力量往往能压倒道德理性。

让我们稍稍感到欣慰的是，那些反独裁人格特质明显的人还能进行反抗。当有其他人开始声援，或服从的代价太过高昂时，不服从行为就会被加强。但是总的来说，服从权威的比例依然高得让人忧心。

多年以来，尽管我不断向公众灌输这一理念，但人们并没有比此类实验进入公众视野之前吸取了更多的教训。在私人机构和公共机构中，我们不断看到一些灾难性的后果持续发生在那些本该更明白事理的成年人身上。显而易见的是，从一开始，我们的老师和官员们就教育年轻人要绝对服从。反过来，当这些学生长大成人并成为这些机构的纳税人之后，他们又促进了新一轮的盲目服从。没有谁尝试在合理权威和不当权威之间做一个基本的区分，没有谁告知我们，前者应该赢得尊重，而后者应该被抵制、被抵抗。

我们应该去哪里寻找全新的答案，以确保在刻板而盲目的服从和独立自主的选择之间取得平衡呢？我们口头上把培养独立思考能力作为所有教育的首要目标，但迄今为止，这一理念并没有取得什么成效。

我惊奇地发现，艾拉·夏勒夫在这本书中给出了我想要的答案。他以导盲犬——人类最好的朋友作类比，得出了一个有效的培训模型。很显然，我们费尽心思地教会导盲犬辨别何时应该服从、何时不应该服从，就是为了能够使它们在接受错误命令时避免受伤。在教育年轻人或对高风险行业的职员进行培训时，我们当然也可以这样做，从而使事情变得更加顺利。不管是培训老师进行课堂管理，还是培训安保人员开展越来越不可或缺的安保工作，或是培训那些掌握我们隐私、保管我们身份信息的情报专家开展工作，开发新的培训方法以区分恰当服从和合理抗命都是至关重要的。

这本不同寻常的书给了我新的希望，我相信人们终将学会这应对时代挑战所急需的、早该学会的重要一课。我衷心希望你们，亲爱的读者，能学会并运用这本书中所蕴含的重要智慧。把这一课切实地带入生命历程和职业发展的各个阶段，教给我们的年轻人以及社会、宗教、商业、政治等领域的领导者，这是我们的共同责任。

菲利普·津巴多

斯坦福监狱实验设计人，2014年

绪　论

营造做当做之事的文化氛围

我们生活在一个由规则和权威所维系的等级体系中，却又要为自己的行为担起责任。如何在两者之间找到一种有益的平衡，正是这本书所要探讨的内容。

近年来出现了很多关于智力类型的理论。懂得在合适的时候以合适的方式服从权威或反抗权威就被认为是智力的一种类型，它需要人际交往能力和道德品质共同发挥作用。

服从通常是本能反应而非理性选择。服从权威是一种原始本能，而违背社会规则所要付出的惨重代价又强化了这种本能。本能的、未经理性思考的服从迟早会导致可悲或有害的后果。

本书旨在探讨如何将本能的惯性转变为自觉的选择，使人们能够根据具体情况自主地决定是服从还是不服从。从大的方面来说，本书致力于把智能不服从的理念融入我们的文化之中，使之成为人们自我认同的有益方面和威权主义的解毒剂。

我们几乎每天都能在媒体上看到这样的故事：一些部门或个人依照来自组织内部或外部的上级命令而行事，而这些事情往往不合常理，有悖我们民族的价值观，甚至违反我们国家的法律。

从政治到体育，从联邦机构到宗教组织，从教育系统到执法部门，从卫生保健到交通运输，从食品的生产、销售到通信系统，从军事到金融服务，从能源到社会福利，我们文化的所有环节无不受其影响。

当你在媒体上看到这些故事后，一定会像我一样感到奇怪：他们怎么能那样做呢？而现在的问题是，我们该怎样改变这种情况呢？

要想改变这种情况，就要教会并鼓励人们辨别哪些命令是可接受的，哪些是需要被质疑、被核实，甚至被抵制的。这种能力应该成为所有领域的风险管理策略中不可缺少的一部分。

如果我们把智能不服从提炼成一套原则的话，那它就应该是下面这样的：

1.了解团队或组织的任务，了解你所参与的活动的目标以及指导该目标得以实现的价值观。

2.当你收到一条看起来与任务、目标和价值观不符的命令时，你需要弄清楚它。暂时停下来，调查命令的问题所在，看其是否具备安全性、有效性、文化敏感性、合法性、道德性和基本礼貌。

3.有意识地选择是服从命令还是不服从命令，如果可能的话，提出一个可接受的替代方案。

4.为你的选择负责，记住一点：不管是谁发出的命令，只要是你执行了该命令，你就得负责。

这些原则能让我们明白自己走到了哪一步，但并不足以深刻地改变固有的文化模式。要想实现根本转变，首先就要对一些强大的社会机制有所了解，正是它们制造了服从，而且不分青红皂白地奖励着这种服从。其次是要掌握推翻这些社会机制、保持独立思考所需的对策和工具。最后是采取必要的行动。

我写下这样一本书不是因为我已经有了如何去做的办法，而是因为我想对此了解更多。这需要一段旅程。当一个作者开始踏上这样的旅程时，从某种意义上来说，他反倒是在为书服务。随着书的展开，作者就必须通过翔实的调查去深入研究这一问题。

作者不能只描述症状，因为这本书要求作者指出潜在的疾病是什么；作者不能只诊断疾病，因为这本书要求作者说明引起这种疾病的原因是什么、触发机制是什么。当作者深入了解了病理和病因之后，这本书又会对作者提出更高的要求，比如，这种疾病有治疗方法吗？如果有，就要分享给读者；如果没有，就要说清楚在找到治疗方法之前我们该怎样管理疾病，读者和其他研究者可以依据什么样的研究准则来发展更好的疾病管理方法和最终治愈方法。

这就是本书带我踏上的旅程。从专业上来说，我是一名咨询师兼培训师，专门负责培训政府部门、军队、企业、专业服务公司、非营利组织和大学的运营管理者。我对这些组织的上上下下全都了如指掌，我了解各个层级所承受的压力，也知道在各种情境中分辨什么是当做之事是非常困难的。

我本来可以仅仅把它写成一本解决职业困境的书，而读者也会把它当成一部关于组织行为学或伦理学或经营决策的作品。但是，如果我的书仅仅停留在这个层面，我们就只是检视症状，最多也不过是探查疾病，而不会去研究造成这种状况的原因以及从根源上予以纠正的方法。

让我这么说吧，没有哪个总经理、经理、一线工人、管理人员、校长或老师、军官或士兵是全然从宙斯的脑袋里蹦出来的。他们和你都成长于某个家庭中，这个家庭又嵌于某种文化之中，而每个家庭、每种文化及其亚文化又共同塑造了年轻人的社会化方式；你也是被社会化的一员。

当今社会，最重要的社会化过程发生在学校教育体系中。如果把学前班和幼儿园也算进来的话，我们大多数人至少要在这一体系里待上14年，每年待上200天。这一体系不仅要教化我们，而且要求我们认可它的规则、服从它的权威。从某种程度上来说，正是这种根深蒂固的社会力量塑造了我们成年后的行为模式，不论是在工作中，在军队中，还是作为普通公民。这本书将带你穿透职场表象，去探究你的行为模式的形成条件。为什么说这是必要的呢？

我至少有三个理由可以邀你和我共同踏上这一旅程。首先，从你个人角度来说，本书的目的之一就是帮你改善那些对你和你的单位不再有益的培训。如果不了解这些塑造你行为模式的社会力量的特性，你很难做到这一点。

其次，假如你是总经理、经理、主管、军官、部长、老师，或是任何其他管理人员，如果你想要营造一种氛围，让每个人都对自己的行为负起责任，那么你就要熟知那些与你的目标相悖的潜在社会力量，以便改造它们。

最后，你不仅仅是一个职业角色，你还是一个完整的人。我这本书是写给完整的人的。你可能有孩子，或者正想要孩子，你可能是一个叔叔或阿姨，是一个辅导员或教练，或者是其他亲子教育从业者。这些孩子会被怎样抚育长大呢？他们从现行体系里接受的"元信息"（meta-messages）能使他们成为坚守自己立场的成年人和捍卫正确价值观的公民吗？

你不能把他们的道德教育"外包"给学校教育或是宗教教育。你是他们道德教育体系的一部分，如果你把他们的教育委托给了某一体系，你就成了这个体系的拥护者。

我邀你跟我一起开始接下来的研究，我们将：

◆审视这样的文化力量：它们明里暗里更强调服从意识，而不教授"分辨何时应该服从、何时不应该服从"的高级技能。

◆从教育领域和培训行业中收集零星而有用的经验，以帮助我们弄清何时以及如何运用智能不服从。

◆研究如何减少服从压力，正是这些压力迫使人们在不该服从时选择了服从。

◆研究这样一些警示性案例：一些人为不当服从付出了惨重代价。

◆从一些令人振奋的案例中吸取经验：一些人虽然接到了错误的命令，但却做出了正确的事。

◆拜访那些明智的、有建树的领导者，他们已经为其下属培养出了做正确事情的能力。

◆设想一下智能不服从的品质对一种珍视责任、人类尊严和创新意识的文化是多么重要。

这本书涉及我们生活的各个方面，从职场到学校，到家庭，然后再回到职场。学会在某一方面运用智能不服从，这都会增强我们在其他所有方面拿捏平衡的能力。在本书的整个旅途中，导盲犬的形象会一直陪伴着我们，它们在正常情况下全然专注于服从，而在阻止不必要的伤害时则全然专注于不服从。我们将近距离探查导盲犬训练中的"秘诀"，并从中提炼出可以用于人类发展和文化改造的经验。

虽然这样做很讨人厌，但我还是必须提出这一警告：与其他文化群体相比，美国的主流文化群体在不服从上拥有更多回旋的余地，当然其他国家也是一样。正如我们经常在美国看到的那样，有色人种特别是年轻的有色人种，即使对权威人士的服从稍显迟疑，都可能付出极为惨重的代价，尤其是面对携带武器的权威人士时。我要提醒每一位正在阅读本书的读者，当你在决定何时以及如何服从或不服从的时候，要把不成文的文化规则和因素考虑进去。

虽然本书深入探讨了服从的社会根源，但它首先是一本讲求实用的书。一般来说，我并不热衷于将复杂的动力机制提炼成可操作的要点，但为了增加实用性，我还是在每一章的末尾这么做了。在很多章节里，我们的论述和结论太繁复了，以至于只读一遍根本不可能记住。我只得将它们进行了极度简化，这样总好过让读者一无所获。而你们所要做的，就是把这些要点有意识地整合进你们的思想和行为里。

现在，你拥有了一张路线图，它将指引你从写字间到教室，再到餐桌，然后再回到写字间，并最终承担起一名自由公民的责任。让我们从一个鲜活的事例开始我们的探索吧。你最好把这个故事从理论和理念中抽离出来，把它放回它由以发生的真实世界中，或者说你的世界中。

目 录

第 1 章

何时服从，何时不服从

如果一个人只会服从，那他是奴隶。如果一个人只会
不服从，那他是反叛者；愤怒、绝望、仇恨左右了他的行
为，而非信念与原则。

——埃里克·弗洛姆（Erich Fromm）

第三种选择

　　我那时在卫理公会大学给一群博士生上一门关于"勇敢的追随"的课程。"勇敢的追随"是与领导者相处的一种方式，它要求追随者真诚地支持领导者的工作并与他们建立良好的关系，从而在必要的时候，可以直言不讳地制止和纠正领导者的错误。课堂的参与度很高，同学们也都热情高涨。一次课间休息时，一个学生给我讲了一个发生在二十年前的故事，让我印象深刻。

　　她那时是一个刚从学校毕业的年轻护士，被分配到一家医院的急诊室工作。一天，一个心脏病患者被推了进来。经过一番快速诊断之后，急症室医生让她去拿病人所需的某种药物。她很惊讶，因为根据她的所学，这种药物对心脏病患者有致命的危险。

　　仅此一瞬，读者可以将自己置于她的处境想一想——在当时，尤其是医疗行业，几乎所有的医生都是男性，而所有的护士都是女性。这种源于性别的不平等根深蒂固，而医生更有资历、更有经验，这更加剧了既有的权力不平等。毕竟他的临床经验远胜于她。你能想象有多少股社会力量在迫使她按照上级的命令行事，你也能意识到，在紧急时刻她的一举一动都会关系到心脏病患者的生命安危。

她坦言在那一刻，她完全不知道自己对抗权威的勇气从何而来，她告诉医生，根据她的所学，这种特定的药物对这位病人有致命的危险。

而医生的回答是什么呢？就和那些身处高位的人的惯常做法一样，他对她的质疑十分恼火，瞪了她一眼，拔高嗓门："还不赶紧按我说的做！"

想象你自己置身于那种情形之下，你在急症室里，你的职责是护理并救助病人。你想成为一个称职的、体贴的专业护士。如果你违背了自己所受到的培训，使用了这一药物，导致了患者死亡，你会有什么感受？你将如何面对病人家属？又将如何应对审查委员会对这一治疗方案的调查？一切都不能重新来过。但如果医生是对的，而你选择了不服从呢？如果正是你的不服从危及了你想要救治的生命呢？你要怎么承受这种事？这种不服从对你筹划了数年的职业生涯又将有什么影响呢？

没时间犹豫了，你将如何抉择？

说真的，你会怎么做？

我们并不需要每天都面对如此严峻的生死抉择，但正是这样的选择，驱使我们去反思我们对服从或不服从所应承担的责任，不论命令来自何方。同时，它也给了我们在心中进行操练的机会，让我们体会到迫于权威人士的压力，去执行可能是错误的甚至是极为错误的命令时是什么感受。当面对如此巨大的压力时，理性抉择或是道德考量都可能暂时失灵，因为我们已经置身于肾上腺素的控制之下。我们很难跳出服从与不服从这两个选项去做出其他有效的决策。质疑权威的决定往往必须在精神高压之下做出，但这能成为你为自己开脱的借口吗？或者让你心安理得于"我只是奉命行事"？

如果你感受到了这个年轻护士所面临的巨大压力，你就会意识到自己需要深吸一口气，给大脑补充点儿氧气，全然摒弃自己的恐惧，做出一个负责任的决定。

我需要你做的正是这些，继续将自己置于她的境地，深吸一口气，停顿一下，想想有什么别的选择可以应对你突然卷入的麻烦。

现在让我们回到急诊室，看看这个年轻护士是怎么做的。

她这样告诉我："我给病人挂上输液袋，注入了医生开的药，然后我把医生叫到床边，告诉他一切就绪，只要拧开输液袋的阀门就可以了，但这一药物的使用与我受到的培训相悖，那就请他自己拧开阀门吧。"

你看，她跳出了服从和不服从这两个选项，找到一个合适的应对方式，同时还坚持了自己的原则。绝大多数人听到这里便会为她的职业素养与沉着冷静叫一声好，我也是如此。我甚至都不确定自己在那种紧张局势中，是否能想到这一应对措施。这就是分享故事的意义所在，它让我们得以在脑中预设相似的紧张情形。

这个故事的结局是什么呢？

护士让医生自行打开阀门的要求使他一愣。他开始重新考虑自己的命令是否正确，是否存在风险，是否还有别的方法。他后来改用了另一种药，护士立即照他的吩咐去做了，病人得到了救治。

这说明了什么？他是一个不合格的医生吗？未必。就像我们与护士换位思考一样，我们也要设身处地为医生想一下。他可能还处在实习期，这是每个医生必不可少的经历。住院医生的实习一直以来都因为工作时间过长而饱受诟病，他可能因睡眠不足而导致精神状态不佳。当好几辆救护车疾驶入医院后，大批病人涌入急诊室，而急需救治的患者在候诊区或呕吐或痉挛，急症室开始变得非常忙碌，甚至医生在救治病患时，也会不可避免地受到一些感染。

但这些推测都不能为医生的错误决定开脱罪责，它们只是让权威人士看起来更合乎人性而已。不论是医生、厂长、快餐店主管、校长、财务主管，还是体育教练，这些权威人士有时候并不在最佳状态，但他们的岗位职责又要求他们必须有所作为。我们应当看到他们兼有合法的权威和人性的弱点，并时刻准备好质疑他们、纠正他们，甚至违背他们的命令，因为我们不能说我们"只是奉命行事"而已。想想那个护士吧，不论你从事哪一行，她都是我们的榜样。

我们能从这个故事中学到这样一些基本道理：

1. 智能不服从通常处理的是突发状况，我们需要在极短的时间内以超常的镇定去应对。

2. 在考虑应该采取什么行动时，我们必须把自己的认知、所受的训练以及价值观视作与权威人士同等重要。

3. 在服从与不服从之外，往往还会有更好的选择。

4. 如果我们深吸一口气，冷静地想一想，也许便能想出既能满足上级要求，又能更好地解决眼前问题的替代方案。

倾听内心的声音

为了理解什么是恰当的服从和合理的不服从，让我们回到上一节的场景。

我们看到，护士抵制了她认为错误的命令，她的巧妙回应让医生得以重新思忖，并采取了更为安全的治疗方案。病人痊愈了，故事完美收场。然而我们知道，它本来是可能造成一场悲剧的。

是什么使得护士的行为被认为是智能不服从而不是纯粹的抗命呢？是病人痊愈这样一个美好的结局吗？抑或不论结果如何，是某些更本质的原因使其称得上智能不服从？要回答这个问题，我们必须审视我们对服从与不服从的理解。

大多数文化都有这样一种偏见：顺者昌，逆者亡。如果你不这么认为，那么也可以反过来说大多数文化都有"逆者昌，顺者亡"的偏见。但后一种观点听上去毫无意义，因为它不符合事实。这是为什么呢？

人类社会必须围绕特定的规则才能运行。想想我们是如何共同生活，如何御敌自卫，如何做出影响群体的决定，如何处置那些不服从集体规则的人的。我们知道，要想享受社会与组织带来的好处，人们就应当在一定程度上自愿服从社会规范，甚至这种服从偶尔还是非自愿的。这是大家的默认立场。

我们注意到，恰当的服从应该包括以下三个要件：

1. 我们身处的系统具有相当的公平与效率。

2. 制定规则或下达命令的权威具有合法性，且具备相当的能力。

3. 命令本身具有相当的建设性意义。

我用了"相当"这个词来修饰以上三点，因为人与社会都是不完美的，在大多情况下，"相当（如何）"就已经是理想状态了。在少数情况下，比如在核电站的安全问题上，标准必须更高一些才行。

在那个护士的案例中，前两个要件是成立的，而第三个要件则不成立。如果三个要件都成立的话，那么服从命令就是不言自明的正确选择，这并非因为她被给予了命令，而是因为这一命令本身是正确的，且不与她对形势的判断相悖。

护士并未有意识地自忖系统本身是否公平，这对她来说是无可置疑的；她也没有理由去质疑第二条，因为医生的身份不存在假冒一说，他也确实训练有素且有执业证书。然而第三条却引起了她的警觉：基于她的判断，医生的命令很可能是有害的，甚至是致命的。

服从的理由

鉴定智能不服从的适用情境有一个最简单往往也最实用的方法：

基于我们自身的判断和命令发出的背景，如果服从命令弊大于利的话，那么在我们进一步澄清命令、看清形势之前，不服从便是正确的选择。

不服从为什么如此之难？因为我们已经习惯了服从。面对日益复杂的人类组织和人类社会，服从是一种进化性的适应。发展心理学家让·皮亚杰（Jean Piaget）和劳伦斯·科尔伯格（Lawrence Kohlberg）等人的研究指出，尽管我们的服从倾向一贯很强，但我们选择服从的理由却在随着年岁增长而不断变化。

一开始我们选择服从，是因为父母告诉我们："权威总是正确的。"

后来我们选择服从，是因为我们开始了解到社会对服从的奖励和对不服从的惩罚：前者能得到小红花，而后者的下场是放学后被老师单独留下。

再后来我们选择服从，是因为我们意识到社会需要法律与规则所构筑的可预测性，比如大家都会在十字路口停下来等红灯。

最后，如果我们的德育发展不算滞后的话，我们服从是因为我们认识到了规则与命令在其适用情境中的内在价值。

在护士的案例中，她其实是在服从，只是她所服从的并非那个欠妥的命令，而是她所秉持的一套更高的价值观：安全第一，生命至上，遵从所学，恪守职责。她意识到医生的命令是错误的，如果当时执行那个命令的话，结果肯定是弊大于利。自觉或不自觉地，她服从了更高的价值观，表明了自己的立场。

是否存在一种更高的、普遍的价值观，能够指引我们做出选择？生活似乎并非如我们想象的那么简单。纵观历史我们不难发现，仅仅几代人的时间，一种文化的价值观就可能发生翻天覆地的变化。不同文化之间，甚至不同家庭之间，对同类价值观的重视程度也大相径庭。我们自己持有的价值观之间也会有冲突，而且，随着我们自身的成长和环境的变化，这些价值观的重要程度也会此消彼长。

不过，不论文化习俗如何变迁，依然有那么一些价值观值得我们为之奋斗。它们可能来自更高的源头，是生命的本性，是一种理性的生活方式，或者是我们孜孜以求的某些品质。总之，在我们面对艰难抉择时，我们对可以依凭的价值观有一种内在意识，有时候我们称其为"内心的声音"。不论它以何种形式出现，一旦我们意识到这一声音并开始尊重它，它便能帮助我们对抗社会的重压。

服从的意义

正如我们所熟知的那样，服从往往是我们的默认选项。但这是好事吗？

服从本身并没有好坏之分，正是它所发生的情境赋予了它正效用或负效用。服从甚至可能是一种蓄意的恶行。为什么执行命令的人明知会造成不良后果，却还是照做不误呢？因为这会让发布该命令的上级难堪且名誉扫地。你若身处高位，千万不要让周遭环绕一片迎合之声！如果服从本身没有好坏之分，那么不服从同样如此，它也可能是恶意的。让我们假设一下，那个护士与上级之间有过嫌隙——这种情况很常见。如果护士始终没有意识到她对医生的成见在不断加深，那么她的不服从很可能只是想要显示自己的独立性，而非基于理性。

我曾有过一次补牙的经历。当牙医每次在牙齿上钻完洞并认为已经准备好的时候，他的助理便会进行检查并告诉他还不够完善。他们头两次的意见不一致还能被看作是正常的合作，但到了第五次，权力斗争的意味已经很明显了。结果就是，我的牙釉质因为被磨得太薄而断裂，从而需要进一步修复。

在急症室中，医生最不想看到的便是护士的自作主张，护士最好能够迅速、准确地执行医生的专业命令。

虽然我们时常对上级有所不满，但对一个体系来说，明确谁有权制定规则和发出命令无疑是件好事，这样可以避免不同观点之间无休止的冲突。人们的目标不尽相同，达成目标的方法也千差万别，如果每个人或者每个派别都坚持自己的偏好，结果只能是停滞不前，甚至出现内部矛盾。一个健全的体系应该鼓励成员通过合理沟通做出最佳决策，但如果当权者听取了所有的意见并做出了决定，且没有违背组织的核心价值的话，那么服从就是最佳选择。

为了加深你们对上述结论的认识，我要说回导盲犬的事例。导盲犬所秉持的核心价值观就是保护人类的安全。我们会在下一章详细分析导盲犬的训练方法。现在你只需要知道，幼犬社会化的第一步就是学会服从必要的规则和命令。只有当它完成社会化之后，才能开始学习另一项同等重要的技能——智能不服从。

两种"社会算法"

所有团体内都运行着一些潜在的规则，以指导其成员在面临选择时做出决定。一般来说有两种"规则集"（rule sets），或者我们可以称其为"社会算法"（social algorithms）。当需要对命令做出回应时，它们就会立即运行。首先运行的是"服从算法"：

◆我所接受的命令或规则源出合法，而不是随意的。

◆我理解这一命令或规则，知道它的目标及达成这一目标的方法。

◆这一命令能达成好的结果，至少不会造成损失。

◆当这一命令不违背核心价值观且不会导致不良后果时，选择服从。

这就是我们多数时候所使用的主要"算法"，如果不使用这一"算法"的话，我们的生活将充满冲突，难以为继。

与"服从算法"相对的就是智能不服从，它的使用频率较低，但一旦被唤起，便会凌驾于"服从算法"之上而取得主导地位：

◆我所接受的命令或规则源出非法，或是缺乏重点、不够明晰。

◆命令或规则所指向的目标在当前情境下并不恰当，或是目标本身没问题，但是该命令或规则是无法达成该目标的。

◆执行命令将违背核心价值观并可能造成重大损失。

◆尽量抵制这一命令或规则，并尝试寻找更好的解决之道。

导盲犬的学习过程是这样的，人的成长过程也是这样的。必要的服从和正当的抗命都需要有人教，在什么时候用什么方式抗命同样需要有人教。让人欣慰的是，在今天的护理培训中，护士们都要通过案例来学习如何质疑命令，以及在必要的时候将该质疑上报给更高一级的领导。当然，接受过培训并不意味着她们就能比上面故事里的那位护士做得更好，但这是基础，也是开始。

怎样的权威才算明智

　　智能不服从并不意味着权威人士的行为是不道德的，尽管有时候的确如此。权威人士作为一个活生生的人，可能因为这样或那样的原因犯错。在急诊室的案例里，那位医生就可能因为缺乏休息而下达了错误命令。权威人士往往也会出于善意，而让我们去做一些不适合当时情况的事情。不服从某些命令给了我们寻找更优方案的可能，也使得当权者不会因下达错误命令而名誉扫地。

明智的领导者

　　我在咨询生涯和培训工作中，经常遇到一些高级主管，他们气恼于下属总是"领导这么说我就这么做"。他们随意说出的一句评论都可能被误认为是命令，从而导致了操作流程或政策方针的改变。这句评论也许并没有什么实质含义，甚至会让流程变得更烦琐，还会耗费更多财力，但它还是会被执行，因为哪怕是权威人士的一时兴起或短暂失落，都会获得意想不到的重视——他所处的文化还不能自觉地对抗这种倾向。这些不成熟的想法甚至并不符合权威人士本人的心意，但是却被执行了。

成熟的权威人士会意识到，让周围的人习得并乐于运用智能不服从，无论是对他们本人还是对整个组织都是有好处的。他们会寻找具备这种能力的人，并邀请他们进入核心团队。最好的领导者会鼓励身边的人学习这种能力。

明智的家长

就像我在绪论中所说的，你应该以一个完整的人的身份来阅读此书。你拿起这本书，可能是因为在你所处的组织文化中，智能不服从势在必行，但你可能同时也是父母、祖父母、其他监护人或是老师。对你的这些身份而言，学习与教授智能不服从是同样重要的，学习甚至更加重要。

当作家谈及他（她）写过的或是正在写的书时，总有很多故事要讲。就让我跟你们分享两个意味深长的故事吧。第一个故事是关于一个经理的，她把孩子们带去开会，想要在工作之余兼顾家庭。她很慈爱，但同时又很威严。也就是说，她通常会要求孩子们绝对服从她的命令。

她在会上做报告的时间快到了，但孩子们太小，把他们带到会场的话，难免让她分心。于是她把孩子们留在了宾馆房间内，确保他们能够适当活动，然后又跟他们强调妈妈不在的时候要注意安全。

"你们绝对不能离开这个房间，明白吗？不能给任何人开门，明白吗？一定要记住，无论发生什么，都不能开门，也不能离开房间。"

再三叮嘱之后，她走开了。

在楼下的会议厅里，报告顺利进行着。她全神贯注于报告，直到……

一阵铃声在大厅内响起，大家还没有反应过来怎么回事，会议仍在继续。突然，一个职员冲进来喊道："这不是演习！着火了！请迅速撤离！"

她心头一紧，她的孩子们还在宾馆高层，而她命令他们无论发生什么都不要离开房间。"无论发生什么"！

她冲出会议厅，迎面推开从宾馆蜂拥而出的人群。

想象一下她的惊慌失措！

想象一下，如果孩子们听从了她的嘱咐，乖乖地待在房间里，会有什么惨不忍睹的下场。

现在想象一下，正当她冲上楼去的时候，她看见两个孩子正从楼梯上下来，她是多么如释重负。

"妈妈，别激动。"他们说，"我们听到火警铃声后商量了一下，决定离开房间。"

真是惊心动魄！只是转述这个故事都让我感到窒息。这是一个真实事件，我是从这位母亲的一个朋友那里听说的，后来又得到了这位母亲本人的确认。

这两个孩子搬了一把椅子到门边，这样他们就可以透过门孔得知外面发生了什么。当他们看到会议厅里的人开始撤离时，他们也决定撤离。他们遵从的是一个比服从命令更高的价值观，尽管他们未必能清楚地说出来。

在后面的章节，读者会看到那些不懂得何时应该不服从的年轻人的故事。现在，我们该为这两个孩子鼓鼓掌。

接下来的这个故事也说明了，孩子懂不懂得智能不服从，甚至可能关乎他人的性命。故事的主人公是我所在的出版社的一个编辑，他工作出色，同时也是一个好爸爸。

他和家人沿着加州一号公路蜿蜒的峭壁进行自驾一日游。如果你曾驾车走过旧金山和加州大苏尔之间的那一段，你一定知道那里有令人眩晕的悬崖峭壁，还有海滩和岩岸所构成的壮阔景色。汹涌的太平洋随着陡壁的蜿蜒曲折而时隐时现。

司机们常常驻足眺望风景，偶尔还能看到几只海豹或是别的海兽。没雾的时候，还有惊涛拍岸，声如雷鸣。不过，如果你在退潮的时候被困在海滩边，很可能会被浪头卷下崖壁而溺亡。

他们在车外待了很长时间，尼尔（Neal），也就是这位父亲，认为是时候回去了。他让大家回到车里，可是孩子们却犹豫了。"爸爸，我们好像听到崖壁下有人在呼救。"要知道，在这个路段，你没法从崖顶上直接看见底下的情况。尼尔听了一会儿，什么都没有听到。"可能只是风声或鸟叫什么的吧。"他说。"不，爸爸，我们真的听到了呼救声。"尼尔又努力听了一会儿："我什么都没听到，上车！"

孩子们拒绝服从："不，爸爸，你应当呼叫救援。"

虽然可能浪费高速公路巡警的时间，但尼尔还是拨打了救援电话，他报告了自己的方位和孩子们坚持声称有人在呼救这一情况。孩子们坚持要留下来，以确保巡警能获得准确方位。这是近乎"静坐示威"式的不服从。

高速公路巡警带着搜救设备赶来了，他们很快便在崖底找到了被困的徒步旅行者。尼尔为孩子们的表现感到自豪，也为自己险些无视他们的话而自责。

智能不服从的限度

当第一次听说智能不服从的时候，人们会问，它和绝对不服从是不是同一个东西？其实不是。

在考虑是否接受某一命令时，我们都会有道德方面的考量，而智能不服从指的是，我们的道德质疑仅限于命令本身，而不指向发布命令的整个体系的合法性。在本章第二节，我们曾讲到恰当的服从应包含三个要件，其中第一个要件是"我们身处的系统具有相当的公平和效率"。人们发现，要想维护整个体系的利益，使我们的所作所为能产生积极的效果和创造性成果，就要自觉维护体系的权威。

绝对不服从的行动是一种蓄意破坏，它破坏了整个体系的基本共识，消解了采取任何建设性行动的可能，这与智能不服从很不一样。为了区分这两者，让我们来做个思想练习。

想象一下，前面提到的急诊室事件发生在种族隔离盛行时期的美国。一个白人患者被急匆匆送进了医院，主治医生第一时间为他做了检查，并让护士赶紧取药治疗。在那个时代，这已经是标准的处理方法了。不管是从文化层面还是从专业角度，护士都没有发现任何不妥，于是她迅速照办了。

几分钟后，另一个症状几乎完全一样的病人也被匆匆送进了医院，不同的是，他是个黑人。医生看着病人被推进来，厉声对护士说道："把他送到小镇的另一边去。"这意味要把这个黑人患者送到一家"黑鬼们"（那个年代都是这样称呼黑人的）的医院。"赶紧把他从这儿弄走。"医生说道。

那家黑人医院在镇子的另一头，护士认为，如果病人无法得到及时治疗，将会有生命危险。现在她的处境是这样的：体制本身存在不公平（条件一不符合），医生给出的命令虽然合法（条件二符合），但却可能造成不可逆的伤害（条件三不符合）。

此刻，护士必须做出决定，要不要坚持原则冒险为病人治疗，以对抗整个体制的不公，并呼吁医院改变相关的政策。如果她这么做了，医院的保安肯定会赶来，强行制止她对病人的治疗。她也可以选择服从命令，置病人的安危于不顾，把他转移出去。哪一种处置方式更妥当呢？是全然服从，还是断然不服从？有没有第三条更为明智的出路呢？

我们再次处在时间无情的催促之下，即刻要做出一个后果无法逆转的抉择，你会怎么选？我们应该遵从哪种原则？

伦理学家可能认为，我们应该承担起对他者的责任并遵从道德的内在约束。我们赞赏那些为遭受不公正待遇的少数族群和弱势群体挺身而出的人。如果这种不服从行为出自道德的内在约束，而非外在强制，那它就不是反社会的，而是有利于社会的。

当整体的文化氛围、制度结构和在场的权威人士都对她的尝试表示反对时，我们可以说那一刻的公民不服从并不符合病人的利益。当时的目标应该是及时给予病人适当的治疗，以避免他的病情恶化，消除他的生命危险。

有了这一目标，此时智能不服从的具体做法可以是这样的：将病人转移至一处安静的过道，对其进行一定治疗，使其在被转移到其他医院的过程中没有性命之虞。处理完这一情况后，护士还可以做出是否挑战整个体制的决定，那时所要

挑战的将是更多的命令。

在以上这些故事中，适当的不服从都有一个美好的结局。在接下来我们要讲的很多故事中，接到不当命令的人们并没能克服权威的影响和盲从的惯性。

那个急诊室中的护士，就像这两个故事中的孩子们一样，他们并没有接受专业训练，但在紧要关头还是实施了智能不服从，因为他们受到了强大的内在价值观的感召。但随着这一研究课题的继续展开，我们会发现，即使我们相信自己的善意和才智，也无法确保自己在关键时刻真的能顶住上级的压力，选择不服从。一方面，所有的文化和其合法权威都有权要求我们服从，另一方面，当命令可能导致恶果时，我们又需要及时使用智能不服从，拿捏两者之间的平衡至关重要。

从这一章中，我们可以提炼出一些智能不服从的基本原理：

1. 智能不服从是在体系内起作用的，而不是直接挑战体系本身，这一点和绝对不服从非常不同。

2. 智能不服从是在承认体系中的合法权威的前提下，对某一命令的道德取向与可操作性进行考量。

3. 智能不服从优先考虑个人或社会的一些价值观，而非某一命令。

4. 一旦该命令与更高的价值观不符，就要审慎选择、果断行动。

5. 在运用智能不服从规避潜在伤害之后，可以进一步审视体系本身的问题所在。

6. 那些看重成效而非个人权威的领导者们，明白智能不服从可以避免严重失误。

7. 家长、老师及其他监护人也会遇到孩子的智能不服从。

8. 理解并鼓励智能不服从，可以避免悲剧后果，给孩子树立信心，让他们认识到智能不服从的价值。

第 2 章

打破习惯，比你想象的要难

进入一个权威体系中的个体，不再认为自己的行为是出于个人的目的，而是将他自己看作一个代理，执行另一个人的意愿。

——斯坦利·米尔格拉姆

领导者与追随者

对智能不服从的研究是我早期关于"勇敢的追随者"研究的自然延伸。那些"勇敢的追随者"能与他们的领导者保持这样一种关系：他们既是领导者的支持者，也乐于对领导者的行为后果做出直率的反馈与评价。

在洛杉矶的时候，我曾在国际领导力协会（International Leadership Association，以下简称 ILA）做过一场关于"勇敢的追随"的演讲。ILA 是个有意思的组织，它旨在将领导力领域的学者、专家与践行者们召集到一起，使他们能够促进彼此的研究。当时我只是与会者和演讲人，后来我就成了 ILA 董事会的一员。

演讲结束后，一名听众向我介绍了他自己，并告诉我一个关于"如何打破盲从惯性"的故事，这是我迄今听过的最引人入胜的故事。现在我把这个故事分享给你们，接下来会作一些关于"勇敢的追随"的介绍。

在美国等一些国家，担任领导者角色具有无上荣光。比方说申请过大学的人都知道，你需要罗列你担任过的所有领导者角色。对于那些想要申请好大学的高中生来说，这点让他们抓狂。他们四处奔走，努力成为春、秋季运动会的参赛队队长，成为这个学生组织的主席或那个学生自治会的会长，以及其他一堆校外志愿者组织的头头。但这些大学可曾要求你担任过领导者身边出色的支持者吗？从不。

领导者最需要的是什么呢？答案是追随者。无论他（她）本人多么优秀，如果无人追随，那他（她）就不能被称为领导者。如果是追随者使领导者成为领导者的，那么为什么只有领导者独享荣耀呢？

造成这种现象的部分原因在于，我们的社会把追随者当成了一种人格类型。但更确切地说，追随者其实只是一种角色。如果一个同时兼任棒球队队长和篮球队队长的人也喜欢打曲棍球，那么他（她）知道自己不是非得再担任曲棍球队队长，因为他（她）没有足够的时间和精力，或者说他（她）的技术并不够格。于是，他（她）成了一名出色的追随者，为曲棍球队队长提供了强有力的支持。事实上，如果他（她）从来不曾追随过任何人，那么他（她）只是团队的搅局者。

这样看来，做一名追随者并不是软弱无能的表现。试问副校长是追随者还是领导者呢？答案是：两者都是。那么校长呢？他（她）是追随者还是领导者呢？他（她）最好兼顾二者。如果他（她）无法做好领导者，那么这个学校就很难正常运行；如果他（她）无法做好一名下属，那么学区领导便会对他（她）感到失望，这样一来，他（她）就很难对学区领导的想法和计划产生什么积极影响。

我们不应该讨论"担任追随者角色是否可以接受"，而应该讨论"如何在保持正直、发挥优势的同时扮演好追随者这一角色"。"勇敢的追随"探索的是与领导者建立牢固关系并成为搭档的方法。搭档双方相互支持，携手共赢，他们彼此尊重对方在搭档关系中的角色，也会坦率地批评对方的那些可能导致失败的举措，即使一方的地位高于另一方。不管领导者有没有要求他（她）这么做，"勇敢的追随者"总是能据实以告。但聪明的领导者也明白，强大的社会压力会使下属不敢直言。这和我们上一章提到的导盲犬的例子很像，大多数训练的目的就是确保它们能够服从。但如果服从命令是危险的，我们又该如何打破盲从的惯性呢？

这段关于"勇敢的追随"的简述将带我们回到那名听众的故事中。打破盲从的惯性需要付出什么样的努力呢？相信他的故事能够生动地解释这个问题。注意，我们无意削弱那些合法的、合乎伦理道德的，同时又具有积极意义的权威力量。我们讨论的是如何将不假思索的服从习惯转变为因地制宜地决定服从与否的自主选择。

脱口而出的"是的"

当年，这名听众还是一名年轻的干事。你可以想象他供职于美国某政府机构，驻扎在一个大型的基地中，这种基地遍布美国各地。这些基地是一个个独立的小王国，围墙内空间广阔，他们在里面工作和训练，已婚职员的家属也住在里面。他们从这里被派往世界各地，完成艰巨的任务后还要回到这里。基地里的人都知道，这里等级森严，违反规章可不是一件小事。人们努力争取荣誉、维护荣誉，没有谁会轻易越界。这是他给我讲的故事：

那时我在一个部长手下工作，他严厉而专断。每天早上我都要向他汇报我自己的日程安排，他也总是准备一个清单，上面列出十件他想要我完成的事。如果我的汇报中有一件当紧要做的事，而这件事又不在他的清单上，他就会粗暴地说："把我安排的事做完之后再去做你自己的事。"

对基地来说，干事计划要做的事可能比部长要求他做的所有事都更为重要，但部长根本不管这些。对他来说，唯一重要的是他的个人权威和下属的唯命是从。好在这名干事具有奉献精神和团队意识，总是能在完成指定的十件事后再去做第十一件，而这第十一件事往往才是当务之急。虽然部长对干事的做法不知情或者不认可，但干事确实使得部长在他的上级看来没那么糟糕。要不是干事如此应对，部长对个人权威的执念可能会对相关各方都造成严重的不利影响。

后来，这个部长被调走了，另一个部长接替了他的位置。新部长上任的第一天早上，我跟往常一样报告了自己的日程安排。稍事寒暄之后，新部长给了我一个命令，要求我当天完成。"是的，领导！"我答道，转身准备离开。

正要出门的时候，我听见部长说了句"等一下"。我转过身来，他对我说了一句完全出乎我意料的话："我刚刚下达的命令对你来说有意义吗？"

我不假思索地回答："是的，领导！"他顿了一下，紧盯着我，重复道："这对你来说真的有意义吗？"

我突然变得局促不安。部长的命令对我来说真的有意义吗？他的问题如此直接，他的语气如此强烈，使我无法胡乱编造一个答案。我不得不承认，我确实不知道它有没有意义。

干事当时在想什么呢？显然，他不想和新上司闹僵，所以就会快速思考各种答案可能导致的不同后果，此时的职位等级显然已经扭曲了正常的交流。更严重的问题在于，这位做事主动的聪明的干事，为什么在不确定命令是否有意义的情况下，依然决定奉命行事呢？这是一种更深层次的自我欺骗，他不再认为自己对此事负有责任，这种责任本要求他总是理智地行事。此时我们终于看清了是怎样的机制驱使原本正直的军人、执法人员和情报人员做出了违反职业操守、践踏人类尊严的事情来。

显然，干事的思维已经被前上级的"禁止独立思考"所限制，他不再具有鉴别命令正确与否的能力。他不再是理智的、负责任的人，而是变成了我们最不想看到的唯命是从的"机器人"。"机器人"看似在自主行动，实则只是在执行一串无须为之负责的命令。对人类来说，如果一个人所执行的一系列命令来自合法权威，他便觉得自己无须为此负责。对这种自我问责的缺失，我们理应感到恐惧。

在这个干事的案例中，他的前上级过分强调了服从意识。谁见过上司问下属"我刚刚下达的命令对你来说有意义吗"这样的问题呢？这位干事已经习惯了服从命令，尤其是他前上级的命令，他并不会自觉地思考自己所接收到的命令到底意味着什么。这种盲目服从对每个人来说都是危险的，尤其对他们这种敏感的岗位来说。

新部长给这个干事设置了一个圈套，他下达的命令并没有什么实际意义。这只是一个测试，用来检验干事是否能独立思考并对命令提出质疑。如果干事对此提出了质疑，那么部长就能够信任他；如果干事只是盲从，那么部长就会用这个具体而实时的例子来揭露干事的盲从惯性。

干事是怎么做的呢？

我说了类似这样的话："领导，鉴于目前的情况，我认为你的命令不够明确。"说话期间，我意识到我对眼下将要执行的命令是心存疑虑的。部长非常严肃地说道："干事，我不能接受你就这样以我的名义去执行一些连你自己都不清楚，甚至连你自己都认为不够明智的命令。"

我说："是的，领导！"我认为这件事就算告一段落了，但部长显然不想就此罢休。

他说："我们得演练一下，当我的命令毫无意义时，你该怎么处理。"

重点来了。在目睹了干事条件反射式的迎合与驯服之后，新部长意识到干事最后的那句"是的，领导"也不过是条件反射的产物。从本质上来说，它并不能证明干事已经摆脱了条件反射式的服从。

打破条件反射

摆脱这一习惯需要花点儿工夫。在这个故事里，我们无从知道这个部长为什么如此重视打破盲从的习惯。或许，他也曾在一位良师的教导下改正了这一缺点；又或许，他在早期的职业生涯中曾经见过盲从所带来的严重后果，因而下定决心，在自己的任期内不允许此类悲剧重演。

部长接着说："我将给你一些毫无意义的命令，而你需要回复我'领导，这是一派胡言'。"

我无法相信自己的耳朵！这可是我的顶头上司啊，除非是会造成什么显而易见的灾难性后果，没有人敢对上司说"这是一派胡言"。

我说："领导，我说不出口。"

部长告诉我："你可以的。"并继续下达了一个欠考虑的、可能导致严重后果的命令。

我不想违背命令，所以我尽量轻声地（几乎是耳语了）说道："领导，这是一派胡言。"

我们正在见证一场绝妙的打破盲从惯性的"柔道表演"。部长想努力扭转下属的盲从习惯。同样是要求服从，但这种方法却帮助下属打破了思维定式。他直接命令下属来顶撞自己。

部长听到了我的回复，说道："很好，现在试着再大声一点儿。"这个过程重复了无数次，直到我能像回复"是的，领导"那样高声地对无意义的命令说出"领导，这是一派胡言"。

这位部长显然很有一套，他通过重复训练，终于使干事自信而有力地说出了那句话。

几个星期很快过去了。我每天早上照常汇报日程安排，然后听从部长的命令。与过去不同的是，我需要理解这些命令，并为自己的行动负责。一切都很正常，直到一天早上我去向部长汇报时，发现主管也在他的办公室里。事情开始变得有趣起来。

主管有个侄子也供职于这个基地，他在未经批准的情况下开走了一辆公用汽车，后来被巡查人员抓到了。于是主管便来找部长，看看是否有什么办法能让他侄子脱身。部长向我介绍了整个情况，并让我提供帮助。

考验干事的时刻到了，他会为了明哲保身而退回到盲目服从的模式吗？主管的在场更是加大了这一可能性。部长要求他的下属直言不讳，但主管也是如此吗？这时候是不是该试一下部长的训练效果了呢？要知道，干事已经不再是那个习惯于盲目服从的人了，他知道他可以有自己的判断。这是智能不服从的首要条件。他做出了他的决定。

"领导，这是一派胡言。"我清晰而有力地说道。

主管怒了，他双目圆睁，眉毛高挑，面色发红，看起来他对自己刚刚听到的话语颇为震惊。他用颤抖的手指指向我，结结巴巴地大声对部长说道："他…他刚刚说了什么？！"

那一刻我觉得有点儿不真实。主管简直要气炸了，而我愣在那里。幸好，部长急中生智，他向前迈了一步，走到我和主管中间，面对主管伸开了双臂，就像一个防守队员保护带球队员免遭拦截一样。他用同样高的调门说道："没事的领导，我来处理这件事。"

说完，他快步走向我，一边搂住我的肩膀把我"请"出了房间，一边轻声说道："很好，你做得很好。"走了几步，他继续轻声说道："赶紧走，在他宰了你之前赶紧离开这里。"

干事通过了测试。这不是部长为了考察干事是否会盲目服从而设置的又一个圈套，这是真真实实发生的事。部长应该比谁都清楚，他此时又被卷入了这样一种文化惯性：即使接到欠妥的命令也得服从上司。因为他也是人。但庆幸的是，从开始共事起，部长就给了下属不一样的培训，而下属此时的断然拒绝既阻止了部长在犯错的道路上越走越远，也避免了潜在的不良后果。部长教给干事一种不同于盲目服从的应对方法，这使得干事能够顶住来自社会的、文化的压力。

及时奖励

部长抓住这个机会，完成了最关键的一步：表扬并激励干事的所作所为。可以想见，如果部长因为干事的直言不讳而批评他，那么这将打击他抵制不当命令的积极性。如果你希望自己的团队能够运用智能不服从，那你一定要同意我的以下说法：我们要不断激励智能不服从，千万不要对其进行惩罚。

部长为什么非得训练干事说出"这是一派胡言"这样戏剧性的话语呢？难道不能训练他以更礼貌的方式去质疑命令吗？当然可以，而且可能同样有效。但或许只有近乎粗暴地对上司喊出"这是一派胡言"，才能更彻底地打破经年累月形成的条件反射式的盲从。如果干事有更多质疑命令、抵抗命令的方法当然是再好不过，但"这是一派胡言"这样直接的表达确实是斩断盲从枷锁的大斧，我们应该留着它随时待命，直至找到效果更好、风险更低的替代性武器。

我们同样希望这名干事能将这种训练带给他的下属，而他的下属又将这种训练带到广大的职员中去。那将是一种怎样的未来，我无法置评，但肯定是对文化的彻底变革。

我们来回顾一下打破文化惯性所要具备的一些要素。显然，这不光是嘴上说说"我们很看重坦白直率的品质"那么简单，不采取切实的行动就不可能彻底改变人们的行为模式。

我们可以总结出以下几个要素：

1. 对既有的服从习惯保持清醒的认识。没有谁愿意承认自己是个盲从盲信的人，这使我们错误地、乐观地认为自己没必要转变观念。

2. 充分认识到盲目服从可能会造成不良后果。很多人生来就被告知服从是好的，因而从未意识到在某些情形下，服从可能并非最佳选择。

3. 让你的下属明白，你并不欣赏盲目服从，也不会惩罚智能不服从。

4. 提供不同于盲目服从的其他应对方式。阐明什么样的应对方式是可接受的、更恰当的、被期待的，甚至是值得奖赏的。

5. 练习不同于盲目服从的其他应对方式。就像消防员一样，在进行真实的火灾救援之前，要在可控的场景中不断进行演练。

6. 反复练习，直到你能理直气壮地实施智能不服从。这不只是看看书就能学会的，你需要多加练习才能达到理想的效果。

7. 对智能不服从的行为进行表扬。你是不是真的想听有见地的异见呢？这就是见真章的时刻了，你是否值得信赖将一目了然。

8. 保护那些能够恰当抗命的下属。不是每个人都能像你一样致力于营造智能不服从的文化氛围，你要确保那些使用智能不服从的人不会因为信任你而付出代价。

在后面的章节中，我们将会进一步研究这些要素，看看它们是如何被应用于高风险情境中的。

第 3 章

如何恰当地说"不"

我们置身事外地想象自己的可能作为，然而一旦进入社会力量的网络中，想象自己的行为表现及实际能做的却差了十万八千里。

——菲利普·津巴多

导盲犬的声音

在上一章，我们了解了部长是如何教导那名干事以一种适当的声音来表达自己的看法的。如果我们的声音太过微弱，那就不足以引起别人的重视。如果我们的声音太过响亮，那就会被当作是粗鲁、自大，甚至是威胁。就像导盲犬不被允许大声嚎叫一样，因为那会吓到周围的人。

你的有效音量是多高呢？它是固定的，还是需要根据你所面对的情况而调整的？它是你的性格使然，还是你的有意选择？为什么理清这个问题对智能不服从来说尤为重要呢？

不服从的最简单的形式就是，对收到的命令直接说"不"，表示你不会听命，然后不再口头回应，也不予执行，或者故意做一些与命令相悖的事情。这些方法在特定情况下都可能是有效的，但从人际交往上来说却未必是明智的。

智能不服从对回应方式的要求是多方面的。首先，在大多数情况下，你依旧要与发号施令的人在同个一屋檐下共事或是生活。因为他拥有一定程度的正式权威，如果他认为你不服管教的话，你的晋升和发展将受到原本可以避免的不利影响。

其次，在某些情况下，如果执行命令可能带来危险的话，仅仅拒绝服从是不够的。因为掌权者如果没有意识到危险的话，他依然能够直接采取行动，或者命令其他下属去完成任务。因此，智能不服从几乎总是牵涉到沟通问题，你需要有效地解释你为什么质疑或抵制他的命令。

我们又回到了声音的问题上。为了审视这个问题，我们将要探讨一下，在什么样的情况下、以什么样的声音能够有效地警示上级，让他认识到被忽略的、被误判的、关乎生死的危险。

让我们回想一下引言中提到的那只安静地躺在女训练师桌子下面的狗吧。在那个例子中，它所受的训练是为失明人士提供帮助。也有一些为聋哑人，或者为可能陷入糖尿病昏迷的患者等提供帮助的服务犬，它们都会受到相似的培训。根据服务对象和训练目标的不同，每种服务犬都必须找到自己在实施智能不服从时的发声方式。高级训练师从初级训练师那里接过狗之后，会专门训练狗的发声方式。

有效的发声方式取决于两点：服务犬的自然发声方式以及服务对象的需求。专业的训练师会在摸清服务犬的秉性与偏好之后，再在此基础之上塑造它的发声方式。

然而，如果服务对象有听力障碍，那么助听犬大声吠叫显然不能起到警示作用；如果服务对象视觉受损，那么导盲犬的吠叫依然有效，虽然持续的吠叫或咆哮可能会令主人感到困惑并惊吓到不明所以的路人。总之，服务犬必须学习如何有效地警示它的人类主人。

我们先来看看导盲犬，它要能够遵从人类的命令，诸如"前进""停下""左转""右转"等。指明前进方向和目标地点的是人类，他（她）要和狗一起训练才能让狗熟悉自己的命令。一旦人和狗一起上路了，狗的职责就是确保这个团队（人和狗）能安全抵达。

什么可能挡住人和狗的路呢？形形色色的事物。遇到工地时需要绕路；遇到外墙粉刷和外墙玻璃清洁时，可能会有地面或空中的障碍物；店铺进货时，可能会开着地下储藏室的门；冬天风雪过后，铲雪车可能会在人行道上堆起雪堆；车辆可能会飞快地从拐角处驶来，而人类主人根本没听到，依然下达了"前进"的命令……

在上述情况中，导盲犬一定不能服从"前进"的命令。而且，这种不服从的态度应当十分坚决，从而使人类主人及时止步，避免整个团队遭受伤害。导盲犬的"声音"能以毫不含糊的"肢体语言"的形式，通过狗绳传达给人类主人。

要知道在这种情况下，人类主人并不能在第一时间确认危险来自何处。人和狗所组成的团队已经建立了一种信任：如果导盲犬拒绝服从命令，或是停止执行命令，那一定是有缘由的。如果导盲犬停滞不前，那么主人也必须照做，直到他能理解危险的来源，并给出导盲犬所熟悉的其他命令，例如"另寻他路"等。如果导盲犬坚持认为现在所处的位置是危险的并将主人拉向相反的方向，那么主人就应该信任它、顺从它。

在这种情况下，信号的清晰性非常关键，整个团队无法接受导盲犬发出的是模棱两可的信号。主人的回应同样重要，其中有两点尤为关键。第一点是毫不怀疑地跟随导盲犬，乖乖做一个跟从者。第二点可能不那么明显，就是主人要感谢和奖励导盲犬对整个团队的保护。服务犬训练的记录显示，如果智能不服从的行为没有得到奖赏，那么它就会逐渐消退。这听起来是不是很熟悉？

人类的声音

我们来看看人与人之间的情况跟人与狗之间有什么不同。比较而言，人的声音有更多的变化。当需要实施智能不服从的时候，怎样发声才算合适呢？

设想一种最简单的情况：如果执行某一命令，就可能造成严重后果。我在《勇敢的追随者》（*The Courageous Follower*）一书的献词中就举了这样一个例子：一个士兵接到对特定目标进行射击的命令，但他非常确定的是，那个所谓的目标就是本方士兵。他向上报告了这一情况并拒绝执行命令，即使上级一再要求他这样做。随后开展的调查证明他是对的。他不但没有被处分，而且因为勇敢地抵制错误命令而获得了一枚奖章。在那种情况下，他必须立场坚定，就像前方有一个刚挖的坑，而导盲犬坚决拒绝前进一样。

在这种简单的情境中，我们需要表明自己的态度，但这并不容易。那个士兵需要充分相信自己的认知，如果他误判了形势且没有服从命令，就可能因为没有攻击敌人而间接害死自己的战友。如果他不相信自己的判断，那么他就会服从命令而射杀自己的战友。关键在于，我们一方面要对当时的情况有清醒的认识，一方面又要对自己的所作所为负责。

如果我们并不确定自己对形势的判断是否正确呢？这就能免除我们的责任吗？还是说我们在执行命令之前，必须恰当地表明自己的态度，使我们自己和领导者都能更好地评估潜在风险？职业精神与生活常识都告诉我们，我们必须负责到底。要怎么做才好呢？

我们来看一个航空业的例子。20世纪70年代至80年代早期，空难事故频繁发生，每起事故都可能导致百余人死亡，最严重的一起事故是两架大型喷气式客机在起飞过程中相撞，导致583人死亡。虽然历年汽车事故的死亡人数远多于空难事故，但单次空难事故的高死亡率还是引起了媒体的广泛关注。航空业明白他们必须努力将空难死伤人数降至最低，不然在媒体的报道下，很多人将不再选择坐飞机出行。因此，不论是对旅客还是对航空业从业者来说，找到事故源头并消除或减少隐患变得非常必要。美国国家运输安全委员会（National Transportation Safety Board）就是为了满足这一需要而成立的专业调查机构。一旦有事故发生，国家运输安全委员会就会立即根据预案来确定事故原因，并采取补救措施，以防止再有类似的事故发生。

在航空事故调查中，一个很重要的发现就是，多数本来可以避免的事故，正是因为机组成员之间或是机组成员与机场控制塔之间的沟通失败而导致的。后来人们采取了很多措施来消除沟通中的障碍，确保沟通的成功，其中一些措施就用到了智能不服从。

我们都知道，在商用飞机上，通常有两个持证的飞行员，其中只有机长是负责指挥的。机长在飞机上的地位就和船长在轮船上的地位一样，既拥有极高的权威，又承担着巨大的责任。另外，很多飞行员都是从军队退役后加入民航的，所以他们有非常强的服从意识。飞行员的服从惯性使得他们一味地赞同机长的判断，限制了他们对上级观点的质疑，或者是质疑的声音过于胆怯以致毫无作用。想想上一个故事里接受训练前的干事吧。

下面这段文字是佛罗里达航空（Air Florida）90 号班机直冲入华盛顿波托马克河前机组成员最后几分钟的对话记录。那是 1982 年的一个寒冬，一连串的意外让飞机在跑道上耽搁了一段时间，因此，飞机尚未完成除冰就匆匆开始了起飞程序。引擎仪表读数并不在正常起飞所需的范围之内，飞行员认为这只是仪表本身的问题而没有予以重视。请留意一下副驾驶的声音，看他在本该坚持立场、加强语气的情况下，是如何一步步将质疑的语气缓和下来的。

以下内容摘自驾驶舱语音记录器：

副驾驶：天哪，看看这个。这看上去不太对啊，你说呢？啊，这确实不太对。

机长：挺正常的，都 80 迈了。

副驾驶：不，我觉得这不正常。啊，可能是吧。

机长：120 迈了。

副驾驶：我不知道。

机长：飞起来了，放松，飞起来了。（紧接着，失速警报器开始响起，直到撞击后 22 秒才停。）

我们最后一次听到副驾驶的声音是在撞击的前一秒，他说："拉里，我们一直在往下掉，拉里……"

在坠机的那一刻，传来了机长的声音："我就知道。"除了从冰冷的河水里救上来的 4 名乘客，飞机上的其他人都丧生了。

缓和语言

副驾驶这是怎么了？语言学家对他这种不断变得温和的质疑有个专门术语，叫缓和语言。它指的是在人与人交往的时候，弱势的一方使用的那种恭敬的、委婉的言语。

缓和语言在非紧急或是模棱两可的情况下，对处理社会关系及职场关系都非常有用。缓和语言往往能够吸引他人对问题的关注，也使自己听起来没那么大惊小怪、自以为是。

"我不确定这是否值得注意，但我发现……"

"我是个新来的，但我觉得这样处理是不是不合适？"

如果你在非紧急或是模棱两可的情况下接到了一个欠考虑的命令，那么你便可以用缓和语言开场，然后逐步说出你的顾虑。一旦你认定执行该命令存在很高的风险，那么使用缓和语言就很危险了。

请注意，那位副驾驶一开始用了肯定的语气："天哪，看看这个。这看上去不太对啊，你说呢？啊，这确实不太对。"

当机长否定了他的看法并认为"挺正常"的时候，副驾驶没有逐步说出他的顾虑，而是缩了回去，并开始使用缓和语言了。

"不，我觉得这不正常。啊，可能是吧。"

他的服从惯性开始发挥作用，并导致了灾难性后果。

航空咨询集团（The Aviation Consulting Group）的总裁罗伯特·巴伦（Robert Baron）专门从事人为因素培训（human factors training），他对佛罗里达航空公司的副驾驶不当使用语言的行为评价道："副驾驶应该用更肯定的语气说出他的顾虑（作为一个信息发送者，他的信息并没有被收到）。尤其是当辅助飞行员（这个案例中指副驾驶）觉得有哪里不对的时候，他必须立刻喊停，而主管飞行员（这个案例中指机长）必须毫不犹豫地取消起飞。"

巴伦认为正确的做法是用合适的声音来表达智能不服从。不管是有意的还是无意的，机长总希望副驾驶跟着自己的判断走。而副驾驶应该做的就是断然喊停，就像一辆汽车迎面而来，而导盲犬要阻止主人踏出人行道一样。

要怎么做才能克服根深蒂固的盲从惯性，并自如地运用恰当的声音呢？答案是多加练习！

调查发现，在很多航空事故中，部属成员使用的含糊不清、模棱两可的语言是引发灾难的重要原因。缄默不语的习惯、卑躬屈膝的回复、坐视机长将整架飞机置于险境的漠然必须要得到改变！

因此，航空公司需要开发一种新的培训方法。

机组资源管理

1979 年，美国航空航天局（National Aeronautic and Space Agency，简称 NASA）完成了一项关于"导致致命空难的非技术性因素"的研究，并由此开发出了人为因素培训。美国联合航空公司（United Airlines）最先采用了这种被称为 CRM 的培训。起初，CRM 指的是驾驶舱资源管理（Cockpit Resource Management），后来扩展至空服人员培训，又称机组资源管理（Crew Resource Management）。它旨在充分利用一切机组资源，确保飞行安全。

只要安全问题尚在可控范围内，接受过 CRM 培训的机组成员就能更好地觉察并排除安全隐患。很快，这一培训被所有主要的民用航空公司所采用，并在稍作调整之后被运用到空军训练中，大型航空公司的坠机事故明显减少。CRM 培训至今已有数十年了，当然也有所发展，不同的组织和国家都对其进行了一定的调整，以便更好地适应自己的文化需要。不过，它们无一例外地强调各级机组成员之间的良好沟通和对失误的减少与控制。培训中的模拟环节能让机组成员习得恰当的行为方式，做好充分的准备，以便在真实的突发状况中运用自如。

在CRM培训中，直接与智能不服从相关的技能有以下几种：

◆所有成员都必须对周遭环境保持警觉。

◆当机组成员看到反常现象（即和平常不太一样的情况）时，他（她）必须注意判断这一状况是否会为飞行带来危险。

◆如果有潜在的危险，那么机组成员必须用果断的口吻告知机长，以引起他（她）的关注。

◆在不同的模拟演练中，机长可能正忙于一些待办事项，或者因为沉思或聊天而分了心，也可能只是单纯地没有意识到反常现象的危险程度。

◆机组成员必须提高语气的肯定程度，直到机长对反常情况给予足够的关注，并采取必要的行动。

由此我们可以看出，上一章中的那个部长正是对干事使用了他独有的CRM培训方式：那名干事果断谏言的意愿与能力并非与生俱来的，它是伴随着终身社会化的过程而形成的。在部长看来，能够超越自己既有的身份和地位并在必要的时候果断谏言是一种非常重要的能力，部长通过模拟训练培养的正是干事的这种能力。

部长和干事都刚刚认识对方，他们需要建立一种沟通方式以迅速降低执行欠妥命令的可能性。同样的，机组成员流动性很大，他们经常轮班、重组，因此，在培训中确立一套关于果断语气的标准就十分必要。他们没有这么多时间来学习彼此的微妙信号。

对资历尚浅的副驾驶来说，由于不同的文化对服从意识的重视程度不尽相同，所以，他们果断谏言的意愿也千差万别。一种文化越是重视权威，就越有必要找到一种能够打破下属思维定式的方法。在高风险情况下，下属不应该再保持沉默或是唯唯诺诺，也不必再担心果断谏言会让上级蒙羞或是遭到来自上层的报复。

打破下属思维定式的方法之一是把所有的错误看成是整个团队的责任，而不只是领导者的责任。重视权威的文化往往更看重集体利益和一致行动，而非个体的自由与责任。相关培训能够使所有的团队成员以更好的沟通方式来确保整个团队的安全与繁荣。不妨回顾一下服务犬的案例，智能不服从的运用并不意味着批评，它只是出于团队的安全考虑。

风险和故障从来都不会被完全排除。即使有了CRM培训，人为因素导致的空难事故依旧会发生。不过，在实施CRM培训之后，大型航空公司的空难事故还是明显减少了。CRM培训对优化手术室的操作规程同样行之有效。只有手术小组的每位成员都口头表示同意之后，手术才能开始，不论他们在医疗等级体系中的地位如何。手术结束时同样如此，仅仅点一下头是远远不够的。清晰的语言能够克服由地位差异带来的服从压力，也能明确每个人所应承担的责任。这能减少本可避免的医疗事故，而这类事故一直以来都困扰着很多备受崇敬的机构。

诗人大卫·怀特（David Whyte）在他独特而又感人的《被唤醒的心：诗歌与留存在美国企业中的灵魂》（*The Heart Aroused: Poetry and the Preservation of the Soul in Corporate America*）一书中展现了他对语言力量的理解。他讲了一名公司主管的一个的故事。这名主管是会议室里的最高权威，他要求围着桌子坐成一圈的下属们对他所提出的方案发表意见。支持程度被量化为从1到10的分数，其中10分表示完全支持。下属们讨论了一会儿，认为这个计划的潜在风险远比主管认为的要大。但他们没有足够的勇气说出这一顾虑，都依次打出了10分。当轮到最后一名经理时，他其实很想打出1分或2分来警示潜在风险，可他张口说出的却是9分。他只能像一只老鼠一样唯唯诺诺，而不是像狮子一样将自己的异议咆哮而出。但至少，这是不服从的开始。

有时候，即使你鼓足勇气，也只敢用缓和的语言表达你的顾虑。但如果风险真的很大，而降低风险的机会又很渺茫的时候，你必须要有狮子般的勇气。即使不是一声巨吼，但至少也该是一句坚定的"等等，请你留意一下，你忽略了一个潜在的危险"。

你在表达异见时要有足够的气势，这样才能提醒上级三思而后行。航空乘务员与医院急救人员都需要练习这一点。如果你能为你所在的组织创造练习这一技能的机会，请务必这样做。即使做不到，你自己也要勤加练习，只有这样，你的声音才能在必要的时候发挥最大的作用。很多时候，这一技能关系重大，甚至关乎一切。

你或你的团队可以做这样一个简单的练习。想象这样一种情境：你的上级即将做出一个决定，而你认为他忽略了某些显而易见的风险，接下来你要有意识地使用不同的语言以引起他的注意，从最缓和的语气开始，逐渐根据需要加强肯定程度。这个练习能让你明白不同语言风格之间的差别。请练习一下下面这些现成的句子：

我是新来的，可能不太熟悉情况，但我想我们是不是应该考虑一下可能存在的风险？（非常缓和）

我之前可能没说清楚，那我再说一次：我在想我们是否已经考虑到了一切可能与_____有关的风险呢？（缓和）

根据我所了解到的情况，我觉得_____是存在风险的，在采取该举措之前需要进一步讨论。（适度肯定）

根据既有信息，这一举措有很大风险，在采取该举措之前需要予以处理。（肯定）

我们需要在造成不可逆伤害之前改变方向。（坚持的肯定）

当我们回过头去审视年轻人的社会化问题时，不管是在学校教育、宗教教育还是在课外活动中，我们都要想清楚，应该在什么时候、以什么方式去教给孩子们适合他们年龄的质疑方式。这一刻，请把自己看成一个完整的人，作为父母、老师或辅导员的你应该为孩子们做出榜样，用合适的声音去和孩子、和别的成年人、和与你朝夕相处的上级进行沟通。

记住这些原则：

1. 恰当服从与智能不服从通常包括口头语言、书面语言以及行为本身。

2. 我们每个人都要掌握在社交场合、等级制度中所必需的发声方法，以便在特定情况下运用自如。

3. 我们需要掌握从"缓和"到"肯定"的各种风格的声音，以便因地制宜地使用最合适的声音。

4. 通过各种声音和各种情境的匹配练习，我们能够在必要的时候选用合适的声音，并能根据需要不断调整自己的声音，使沟通更有效。

5. 每个人都有自己独特的、自然的说话方式，我们可以根据自己的天然习惯，适度调整从"缓和"到"肯定"的各种声音，形成一种既能让自己觉得舒服，又能满足情境所需的声音。

6. 这些技能对稳定性极高或是流动性极强的组织来说都很重要，因此，所有成员都应该认识到，果断谏言是一种安全警示，而不是威胁。

7. 过度强调服从的文化尤其应该注意这些技能，以确保组织及其成员的利益面临威胁时，每一个成员都有话语权且他们的意见能够被听到。

8. 即使无法足够果断地说出你的顾虑，至少也要先说出来，只有这样，整个团队才有可能意识到潜在的危险。

9. 当需要采取智能不服从的具体行动时，光说出你的顾虑是不够的，但除非情况紧急、刻不容缓，我们还是应该先说出自己的想法。

第 4 章

理解说"是"的真正风险

善恶之间的界限原本被认为是牢不可破的,但我们却证明,这条线其实相当脆弱。

——菲利普·津巴多

直面认知失调

读到这里你可能会有疑问：我是在用导盲犬和人类作类比，可是导盲犬在实施智能不服从时，面对的是即刻的危险，比如撞上迎面驶来的车辆，掉进污水坑，或被电线绊倒等。而应对长期的潜在危险或复杂的道德状况，显然不像应对即刻的危险那么简单。

如果你们学校或你们单位里地位最高的人即将撞上一辆疾驶而来的汽车，你一定会毫不犹豫地大喊"小心"，或是干脆一把把他（她）拽回来。你使他（她）免于一难，他（她）自然是感激涕零、千恩万谢。这很好理解，当某人处于突发的危险之中时，你做出了一个深得世人赞赏的本能反应。然而，当你的上级对风险的认识与你大相径庭时，这个类比还适用吗？

我认为在很多方面，这一类比依然有效。让我们来探讨一下。

下面是一家联邦机构某次召开新闻发布会的故事。新闻发布会不是什么要命的事，通常来说，新闻发布会是用来传递组织消息、塑造公众认知、提升组织与领导者形象的。然而，这场新闻发布会却适得其反，大大抹黑了组织与其领导者的形象。之所以会出现这种情况，就是因为在关键时刻智能不服从缺席了。

这场新闻发布会是临时决定召开的，而且马上就要开始了。由于通知下发得太晚，很多该来的媒体都没来。在这种情况下，合理的做法是宣布发布会延期举行。然而，某个"聪明人"却想了个更"高明"的主意，他让公关部门的员工坐在原本属于媒体的位置上假装真正的记者，然后向组织的领导者提问。

出于糟糕的判断而下达的错误命令实在数不胜数。出色的领导力首先体现在与下属建立信任上。因此，公关部的领导要支持建立这种信任，抵制一切可能削弱这种信任的行为。命令下属公然参与欺骗，其实就是命令他们损害机构与媒体坦诚相见所赢得的好名声。最重要的是，各个城市或领域中的所有专业记者其实联系非常紧密，他们彼此都认识，要想骗过精明的现场记者相当困难。而且，在这个任何事都会被录像的时代，要想让几个小时之后观看发布会录像的记者对这种招数不起疑心，更是难上加难。然而，命令还是下达了。

想象我们自己就是接到命令的公关部的员工。我们埋首于自己的工作，有一大堆事务要处理，有电话要打，有声明要起草，有调查要做。

突然，主管冲了进来，说了这样的话："同志们，紧急情况！媒体都没来，行政官（这家机构的老大）还有5分钟就要发表讲话了，我们不能在这个时候掉链子，赶紧下去坐在记者的位置上，临时想几个问题甩给领导。这不难的，快快快！火烧眉毛了，我先过去了！"

说完，主管又冲了出去。

我们多少有点儿不知所措。以前从来没发生过这样的事。职业本能告诉我们这是不对的。没有先例可援,而且事出紧急,还涉及老大本人,这个命令的这些特性暂时淹没了我们的个人判断,我们感觉很困惑。大概真的事关重大,确实需要这样做吧。当我们看到一些同事抓起笔记本,匆匆出门前往接待室时,我们还是老老实实跟了上去,虽然有点儿犹豫。

在假冒媒体这件事中,没有谁的生命受到威胁。但当这一事件被正规媒体作为头条新闻曝光后,这家机构变得狼狈不堪。行政长官支支吾吾地解释了事件的前因后果,他在圈内的地位一落千丈,而参与此事的公关部员工也为他们的职业生涯涂上了无法抹去的污点。

这是一个真实的故事,正是当事人的愚蠢使其显得荒谬无比。有时候,我们会突然收到有害无益的命令。就在我们对命令感到震惊的那一刻,我们需要暂缓做出决定,同时运用理智对当前的状况和决策做出评估。

这把我们引向了另一个话题:认知失调。这个心理学术语是什么意思呢?

如果我们相信某件事,但随后又遇到了能够证明其并不为真的证据,那么我们的大脑就会努力去消除这两种相斥状况所造成的认知矛盾。通常来说,我们的大脑会倾向于保有之前的信念。这是怎么回事呢?大脑既有的认识会拒绝接受新数据,认为它不可信,不值得重视,并努力为原有的信念寻找合理化解释。认知失调令人不悦,它有失和谐、缺乏统一,而且刺激着我们的神经。

我们有减轻这种不适感的冲动,通常的做法就是清理掉不可调和的新数据。然而,我们应该对这种不协调保持警惕,并允许自己去感受它。只有容忍不协调的存在，警觉地对其发生的原因进行探索，我们才能有机会做出正确的选择。

不管导盲犬是否带着主人跨出了路沿，一旦做出了这一行为，一切都无法重新来过。更好的做法是，毅然决然地停止行动，直到团队能够正确地评估风险，而不是屈服于认知失调，将其合理化地消去。

◆认知失调：导盲犬知道车辆能发出声响，但电动车却没有发出声响，因此导盲犬认为它不是车辆，这与导盲犬受到的训练"有车辆驶来时应该停下来"并不相悖，因此它坚持自己的判断，跨出了路沿。啪！

◆克服认知失调：车辆会发出声响，现在过来的这个物体虽然没有发出声响，但它在不断靠近。导盲犬认为应该先停下来，直到弄清状况并做出安全的决定为止。

类似的情况在这家机构的公关部门突然发生了。和导盲犬不一样的是，这个团队没有停下来检验他们所感受到的认知失调。导盲犬停了下来，并对状况进行了评估，而公关部门的员工却只是将其进行了合理化消除，并遵守了这一不正常的命令。啪！

"跨出了路沿"

导盲犬所服务的人类主人生活在一个复杂的社会中。他有经济方面的考虑，有健康方面的考虑，有社交方面的考虑，等等。而导盲犬并不能理解这些，它不知道客户关系意味着什么，不知道古板的上司所做的人事鉴定意味着什么，不知道在严峻的经济形势下失去客户或工作会对生活保障造成怎样的影响……这些都是人类实实在在的顾虑。

导盲犬也有一个实实在在的顾虑，那就是人类主人的人身安全。如果人类受了重伤，甚至丧了命，那他（她）所关注的一切就一笔勾销了。而导盲犬不需要理解主人生活的方方面面，它只需要为主人规避这一根本性的风险即可。我们从中可以学到关于智能不服从的哪些智慧呢？

我们来看看贝蒂·文森（Betty Vinson）的故事。

如果你年龄不算太小的话，那你可能还记得世通公司（World-Com）和其首席执行官伯尼·埃博斯（Bernie Ebbers）的故事。你记得世通公司，是因为这起高达 38 亿美元的假账事件，你记得伯尼·

埃博斯，是因为他被判了25年刑期，但你可能并不记得贝蒂·文森这个人了。她是世通公司会计部门的一位高级主管，职位比伯尼·埃博斯低了4个等级，即使是在职业生涯的巅峰时期，她的薪水也不及伯尼·埃博斯和其他高管们的一个零头，但她同样被判了刑。

贝蒂·文森刻苦、勤勉，与公司共同成长。她非常忠诚，常常为了完成工作而加班至深夜。同时她也是一个母亲和一个妻子，她为女儿在绿茵场上和社区志愿者服务中的表现而欣喜，她和丈夫因为把屋子和花园打理得赏心悦目而自豪。换句话说，她和你，和我，并没有什么区别。如果你还年轻，那等你再老一点，有了些职业资历和金融资产的时候差不多也就是这个样子了。

一天，贝蒂的顶头上司让她"跨出了路沿"。世通公司有了财政危机，但并不希望华尔街得知此事。于是，她上司的上司便让她上司挪用一部分钱来掩盖财政危机，而事实上这是很大的一笔钱，超过了7.5亿美元。命令继续往下传达，于是贝蒂的顶头上司便指示她照做。

一开始她非常犹豫，因为上司的指示违背了会计准则，这可能会引起麻烦。她把自己的顾虑告诉了上司，上司向她保证说高层知道这一问题，这样做也是为了公司好。高层们也曾向她的上司保证，仅此一次，下不为例。贝蒂和她的上司都曾遭遇过认知失调，但所有隐隐约约的怀疑都在权威的光环下被一扫而光。高管们都是聪明人，是的，他们是不可能做傻事的！贝蒂"跨出了路沿"，篡改了账目。

当被篡改过的账目即将公开发布时，贝蒂差点儿又"返回人行道"——她想过辞职，甚至已经起草了辞职信，但没有递上去。毕竟这是一份好工作，公司前途大好，只是暂时有些小困难罢了。她现在的薪水比她丈夫的都要高，如果她离开世通另找工作的话，可能就支付不起现在的生活开销、房贷、医保等。请注意，这和埃博斯以及他的同侪们的想法如出一辙，只是规模不同而已。他们都不想伤害公司的资产估值，也不想拿自己的财务状况冒险，所以这个团队——高管们和会计们——没有一个人去留意这种做法的真正风险，不管是中期的还是长期的风险，他们步调一致地 "跨出了路沿"。

一旦 "跨出了路沿"，就很难再回头了。潜在的问题并没有警醒他们，之后的每个财务季度中，贝蒂·文森都被要求继续合作，"再来一次就好"。篡改账目使公司的财务状况看起来很不错，会计违规行为也越来越明目张胆。6 个财务季度之后，事情再也掩盖不住了。一天，公司的内部审计员来到贝蒂·文森的办公室，要求她对资金挪用做出解释。她无话可说，她的上司们也都无话可说。

贝蒂转而为联邦政府做证人，这减轻了她的罪行，但依然无法使她免于牢狱之灾。在接受审判时，她这样告诉法官："我觉得我要是不配合的话就会丢掉工作。"确实，这是短期风险。她还说道："我肯定不会再做这种事了。"诚然，我们也是这样希望的，但一切都无法重新来过了。她看见 "车辆" 疾驶而来，但在领导命令她 "跨出路沿" 的时候，她还是照做了。她在该反抗时选择了顺从，理当为此付出代价。

量化指标的陷阱

也许你觉得上面这些例子都太极端，但我有必要提醒你注意，下属在领导的压力下采取短视行为的例子不胜枚举。你同样要牢记，当我们被要求去做一些违反法律、违背职业精神和道德准则的事时，我们总是突然感到很震惊，而这震惊会麻痹我们的思考，让我们陷入认知失调。

这些年曝光的还有什么别的例子吗？我来给你们举几个。请注意这些行为在日常生活中是如何的普遍。

在关乎学校排名和资金拨付的考试中，老师迫于压力给学生提供答案。

当政治人物为了证明他们在打击街头犯罪方面的成效时，警察会迫于压力，虚报犯罪统计数据。

足球运动员们被怂恿对易受伤的对手使用可能导致脑震荡的"杀球"。

海关稽查员被告知对进口植物上携带的害虫睁一只眼闭一只眼，这样就不需要填写冗长的报告了。

　　药物管理员被要求填写远高于实际治疗费用的保险索赔金额。

　　信贷员往往会夸大借款人的真实收益，使他们能够申请到原本无法申请到的贷款。

　　金融行业的职员在压力之下，未经核实准确日期就发布房屋止赎通知。

　　杂货店员工被要求重新包装已经过期的盒装鸡蛋。

　　荣军医院的管理员篡改医疗记录中病人的候诊时间，以掩盖服务效率的低下。

　　各个行业中都有这样的例子，你所从事的行业恐怕也不例外。当类似的命令出现时，你必须考虑自己是否要 "跨出路沿"。很多人，即使不是绝大多数，还是会为了达到某个指标或目标而犯错。很多年前，著名的质量管理专家爱德华兹·戴明（W. Edwards Deming）就已经警示我们要小心这一陷阱。他明确反对将绩效评级和薪酬奖金跟量化指标挂钩，因为这会使整个系统上上下下都致力于让数据变得更好看，而不是不断优化工作流程和系统，以切实提高产品品质。

　　在过分关注量化指标的众多案例中，世通案只是被曝光的其中之一。实际上，几乎在每一家私营企业或是国有企业中都能找到这样的例子。就在我写作这本书的时候，量化指标的压力也正席卷着整个教育界。采集一定量的系统数据和产量数据，以分析哪里还需要改进，这是好事，甚至是必要的。但一旦运用过度，将其与奖惩机制，甚至职位晋升挂钩，就会带来致命问题。

　　为了提高教育水平，美国社会开始关注标准化考试的成绩，认为这可以用来衡量学生的学业和老师、学校的业绩。然而，这一压力却加剧了各级人员犯错的可能性。"跨出了路沿"的学校管理者和老师的人数多得让人震惊。很多教育从业者因为在压力之下运用各种手段提高考试成绩而被指控、被审判，全国的新闻媒体对此多有报道。篡改考试成绩的做法或是其他手段一经曝光后，他们很多人给出的理由和贝蒂·文森一样：害怕失去工作。然而被曝光之后，他们还是失去了工作，甚至因为欺诈罪而面临法庭的判决。

在这些盲目服从的大量事例中，有一个智能不服从的例子值得关注，它成了佛罗里达州的头条。更确切地说，根据佛罗里达州的法律，这个例子介于智能不服从和公民不服从之间，你甚至可以说它就是公民不服从。

苏珊·鲍尔斯（Susan Bowles）已经在佛罗里达州盖恩斯维尔市的劳顿·奇利斯小学执教26年，并且成绩斐然。当标准化考试的要求下达后，她发现其中涉及K2学龄段（学前班到小学二年级）学生的考试次数和考试方式，严重限制了她和她的同事施展素质教育的教学经验。在与同事们集体研讨该如何遵从这一要求以及如何实施接连不断的考试后，她决定坚持自己的职业操守，继续因材施教，而不是推行新规定。她通过社交媒体向学生家长解释了她为什么不服从命令，为什么不实施这一既耗时又很难施行的佛罗里达州阅读评估考试（Florida Assessment for Instruction in Reading，简称FAIR）。她承认这样做可能会使她丢掉工作，但她的良心驱使她站了出来。

这件事最早出现在社交媒体上，后来又得到了主流媒体的关注。不是所有类似的故事都会有好结局，但这个故事的结局尤其令人欣慰。为了回应社区舆论和专家对鲍尔斯女士的声援浪潮，以及人们对这一考试的负面效应的关切，佛罗里达州的教育官员最终决定不再要求K2学龄段的学生参加阅读评估考试。

正在阅读此书的你们一定也处在这样一个将短期奖励与量化指标挂钩的系统中，不论你是处在学生生涯、职业生涯中，还是作为学生家长。总有那么一些时候，你不得不在意短期激励带给你的压力。你可能需要根据这些奖励标准来检视自己的价值观与行为：为了得到奖金，为了让孩子获得一份优异的成绩单，或者为了给学校赢得更多的资助，你愿意对哪些价值观进行妥协呢？我们很容易对别人的盲目服从义愤填膺，但我们自己却极易受这些压力的影响。除非我们敢于直面这些压力，否则我们极易跟权威人士同流合污，而这些权威人士同样害怕惩罚，同样处于以量化指标为基础的激励机制下。一旦我们愿意直面自我、表明立场，我们就要做好承受压力的心理准备。

有些命令虽然当前没有显露出负面影响，但可能会造成严重的中长期后果。当你接到突如其来的这种命令时，就会用到以下方法或它们的一些变形。

1. 当你被要求做出错误的、有悖道德的、不够明智的事情时，让自己感受这种惊讶甚至有点儿震惊的情绪。

2. 不要试图对这种不适感进行合理化消除，不适感能帮助你做出正确的选择。

3. 暂缓行动，用声音语言和肢体语言表达出来：举起一只手，就像指挥交通一样，然后说出"等一下"。

4. 给心理斗争一个缓冲的机会，让自己从对不当命令的震惊中恢复过来。

5. 检验如果奉命行事会违背什么价值观，会带来什么真正的风险，而不要着眼于违背命令所可能带来的短期风险。

6. 对收到的命令表示直接的、中肯的质疑。也许你误解了命令的含义，也许没有，但你有这个权利和义务去澄清命令。

7. 不要被这样的回应所蒙蔽：它没有给出答案，却试图平息你的情绪，对命令进行合理化，或者试图让你感到惭愧，仅仅因为你是唯一提出质疑的人，或者向你承诺这只是暂时的，之后总会有所改正。

8. 与发出命令的权威人士进行沟通，让他们认识到这并不是最好的选择，并为他们提供合理的替代方案。

9. 如果你不能说服上级从即将到来的风险中抽身，那就拒绝加入。要明白在应该说"不"的时候说"是"的真正风险。

10. 既然做出了选择，就要承担这一选择的短期后果，并庆幸自己避免了恶劣的长期后果。

第 5 章

对权威的服从

我们必须始终警惕这样的关系：因为感觉某人在某一情境中像是权威而服从于他。

——斯坦利·米尔格拉姆

纽伦堡原则四

究竟怎么了？为什么面对那些来自权威人士的命令时，人们的判断力会普遍降低？为什么人们必须受过训练才能做出那些看上去只不过是常识的事情？为什么人们在不情愿的时候还是会选择服从？

你坚信自己在这些情况下都会选择不服从，但事实是怎样的呢？

很遗憾地告诉你，非常有力的证据表明：在特定情境中，有高达三分之二的人会选择服从命令，即使他们知道这会伤害他人。关于这一结论的深入研究和详尽记录已经存在了50多年。这项研究非常重要，以至于你会认为它应该成为敏感职业从业者的职业培训的一部分，不管是与人的生命息息相关的车辆维修工，还是为了保护国家而暗中活动但必须遵守法律的情报人员。当我应邀到情报部门和军队中去举办讲座时，为了不浪费时间，我只简单询问了一下关于这项研究的情况，因为这是他们行业本该熟知的材料。但我发现，只有少数人充分了解这项研究及其在自身职业中的应用。

这项研究太重要了，我们不能不把它纳入到对子孙后代的培训中去。我所说的培训不仅仅是指职业培训，还包括对公民精神的培养，甚至从更为根本的角度来说，是教育他们成为正直的人。所以，接下来我会重新审视这项研究。我呼吁那些设计公民教育课程的人能将这项经典研究纳入进去，并设计出一些活动，将它与那些为了公众利益偶尔需要实施智能不服从的人的生活联系起来。

首先，让我们把目光转向正在进行米尔格拉姆实验的1960年至1963年间。

那个时期，公众心理仍然没有摆脱二战的影响。我本人就经历过那个时期。我是在纽约市的布鲁克林区长大的，小时候我总在我家屋前（当地所称的"门廊"）对着石阶独自玩球。我为自己设立了一个标准，那就是，每得一分就相当于从纳粹死亡集中营中救出了一个犹太人。1964年，20来岁的我搭便车经过那时还属于南斯拉夫的塞尔维亚。在塞尔维亚，我被问得最多的一个问题就是："你是德国人吗？"如果我回答"是"，根本就没有人愿意帮助我，虽然德国早在15年前就结束了对这个国家的占领。一个搭便车的小伙儿还跟我说起过这样一件事：一个德国年轻人被那些在占领期幸存下来的小镇居民用石头砸。众多西方国家至今仍然震惊于这样的事实：德国拥有高素质的国民，他们给这个世界带来了无与伦比的音乐、文学和艺术，但却服从于一个嗜杀成性的政权，并奉命饿死、杀死了数百万男人、女人和孩子。照片里那些憔悴枯槁的脸庞和骨瘦如柴的身影仍然萦绕在人们的心头，一如当初。

1945年至1948年——远在米尔格拉姆开始进行实验的1960年之前——获胜的同盟国政府在纽伦堡对战犯进行了审判。纽伦堡审判坚定地确立了这样一条原则：声称"只是奉命行事"并不能成为洗脱罪名的理由。纽伦堡法庭确立了一系列原则用于指导判决，和我们的讨论有关的是第四条原则。

纽伦堡原则四：依据政府或其上级命令行事的人，假如他能够进行道德选择的话，不能免除其国际法上的责任。

纽伦堡审判分为两期。最著名的第一期审判是国际军事法庭对主要战犯的审判，这期审判审讯了被俘的德意志第三帝国最重要的 25 名领导人。他们中的大多数人被判处死刑或无期徒刑，只有少数几个人被判处 15 年至 20 年的有期徒刑，另有 2 人被无罪释放。第二期审判，也就是通常所说的纽伦堡后续审判或许对我们的讨论更有意义。该期审判共举行了 12 轮，包括对医生、法官、牧师以及法本公司（IG Farben）和克虏伯公司（Krupp）的审判，后两者的审判对象是实业家。他们中的大部分人被判处 1 年半以上 20 年以下的有期徒刑，只有少数人被无罪释放（值得注意的是，在这一期审判中，只有一些医生因为在无助的俘虏身上进行非人道的实验而被判了死刑）。不管处于什么阶层，"只是奉命行事"并不能免除他们的罪责。

在 20 世纪的历史上，德国的事件并不是一个偶发的孤例。在俄罗斯，人们遵从那些试图从根本上改造整个社会的政治纲领，导致了数以百万计人的非正常死亡。诚然，其他西方国家本身也存在不人道的行为，但是认知失调和由他者所犯下的大规模暴行却长期盘踞在人们的战后意识里，就像一个挥之不去的噩梦。

近来，威胁人类生存的可怕梦魇——核毁灭，越来越向我们逼近。如果发射核攻击的命令被发布并被执行的话，人类就会因此毁灭。我曾和一名战略空军司令部（Strategic Air Command）的前官员合作过，他说他就曾经接到过这样的命令，当他和队员们被告知任务取消的时候核弹已经在飞向苏联目标的半道上了。这很可能是一次军事演习或一种军事恐吓。20年后，他那严肃的表情和紧张的眼神仍能反映出他内心深切的忧虑：如果那不是军事演习而且命令也没有被撤回的话，他很可能已经被迫完成了命令。

在这一历史背景下，更好地了解服从，特别是更好地了解对有害命令的服从就显得尤为关键和急迫。人们选择服从仅仅是因为害怕不服从会威胁到自己的生命安全吗？那些对心理变态的领导者言听计从的人是施虐狂吗？还是促使人们选择服从的是别的什么机制，一旦了解了这一机制，我们就能改变人们盲目服从的倾向？米尔格拉姆的实验出奇有效地回答了上述相关问题。

如果你已经熟悉这些实验的话，你应该知道，在米尔格拉姆和其他后来者进行的多次基础实验中，有三分之二的受试者会服从命令，持续对一名"受害者"施加连他们自己都觉得痛苦并有可能致命的电击。

你可能会说："真的吗？太可怕了！我想我一定属于另外那三分之一！"

每个了解过这一实验的人都会这么想。然而，这并不是事实。实际上，米尔格拉姆在一个巧妙的附加实验中揭示了我们对这一问题的看法是多么荒谬。

他简要地向110名调查对象介绍了实验的情况并询问他们的看法，这些人属于三个不同的群体：学生、精神病医生和从事不同行业的中产阶级。他们中75%以上的人预测自己会止步于150伏特（强烈电击），没人认为自己会施加300伏特以上的电击。这远远低于试验所要求的据称可以致命的450伏特，但实际情况是，很多人确实在实验中实施了这一电击。显然，我们的自我认知并不能预测到我们面对有害命令时的实际表现。

因此，让我们来研究一下，为什么满怀善意且意志自由的人在这个实验中没能成功地运用智能不服从。我发现就算是那些先前已经熟知实验的人也不过是浮光掠影。请记住我们的核心问题：终其一生，我们都在被教育要服从权威，但要怎样才能做到不服从呢？

米尔格拉姆实验

米尔格拉姆博士的实验室位于康涅狄格州纽黑文市的耶鲁大学。虽然可以很容易地征集到学生作为受试者，但他还是选择走进更广阔的社区，以确保受试者来自于不同的年龄范围、职业背景和社会阶层。当实验进行到某个特定阶段的时候，他把实验场地从校园搬到了邻近的布里奇波特市一栋破旧的办公楼里，以消除名校的头衔对受试者的影响。在当时的社会背景下，他尽了最大努力去确保实验样本能够如实反映人性的广泛性。他的受试者主要是男性，但至少确保了有一次实验的受试者完全是女性，并且实验结果几乎与男性的实验结果一模一样。不同国家的人重复了他的实验，得出了惊人一致的结果，这也促成了他的研究成果至少是在西方文化中的普及。因为实验本身的特性，考虑到受试者所承受的极端压力，现在大家认为完全按照米尔格拉姆那样做实验是不合乎伦理道德的，这一点我会在下文解释。

他的实验并不复杂。在完成基础实验之后，他又精心设计了几个变量实验，这些变量实验为帮助人们抵制有害命令提供了很多信息。在我看来，这些变量实验才是最重要的部分，虽然很少有人注意到它们。让我们首先从研究基础实验开始。

实验中有三个主要角色。

第一个角色是"实验者"。这个人不是米尔格拉姆本人，而是雇人来扮演。在最初的实验中，这个角色由一名31岁的生物老师来扮演，根据米尔格拉姆的描述，他外表看上去"有些严厉"。他穿着一件灰色的技术员外套。这个信息很重要，因为实验服象征着他的权威。

第二个角色是"受害者"。他扮演一名"学员"，当他答错问题时要受到电击的惩罚。"受害者"事实上并没有受到电击，但他接受过培训，可以随着实验的推进而表现出精神和肉体备受折磨的痛苦状。据说，他的表演非常逼真。在最初的实验中，这个角色是由一名47岁的爱尔兰裔美国人扮演，"温和而亲切"，米尔格拉姆这样描述他。（为了消除性格特征对实验结果的影响，米尔格拉姆后来召集了第二次实验，第二次实验里"实验者"和"受害者"的性格完全与第一次实验相反，但这对实验结果并没有决定性的影响。）

第三个角色才是真正的受试者，虽然他本人并不知情。他被告知自己是"老师"，因此米尔格拉姆称他为"不知情的受试者"。实验人员误导他相信"学员"（受害者）才是受试者。在所有的控制变量实验里，米尔格拉姆共征用了40位不同的成年人作为"不知情的受试者"。

实验是怎么做的呢？就是要求"老师"（不知情的受试者）对"学员"（受害者）实施一项教学任务。

"老师"坐在一台据说是电击器的设备前面。实际上，这并不是真的电击器，但他被蒙在鼓里。电击器上有30个操作杆，每个操作杆上面都贴着电压标签，最低的为15伏特，最高的为450伏特，每两个操作杆之间以15伏特的增量递加。按照由低到高的顺序，每4个操作杆被分为一组，各组依次清晰地标注着：轻度电击、中度电击、强电击、超强电击、重度点击、超重度电击、危险——重度电击。最后两个操作杆只标注着"XXX"。

"学员"每答错一次"老师"事先准备好的提问时，"老师"就必须对其实施一次电击，且电击强度要逐次提高。为了让表演更逼真，实验人员给"老师"（不知情的受试者）提供了一次45伏特的电击示范。这是实验中仅有的一次真实电击，电击的震动能让"不知情的受试者"相信电击器是真的。

现在让我们暂停一会儿，想想人们为什么明明清楚实验所带来的后果，却仍然会同意扮演"老师"的角色。米尔格拉姆思考过这一点。他写道：

为了向"不知情的受试者"证明电击行为的合理性，我们必须设计出一个借口。合法权威和他所发出的命令之间，必须具有可感知的联系，哪怕这种联系微乎其微。只有这样，处于从属地位的人才会服从命令。

米尔格拉姆抓住了一个要点。回想一下世通案和那个急诊室护士的故事。命令不仅来自于权威，往往还来自于那些我们认为其拥有合法权威的个体。关于这一点，想想我们的导盲犬就明白了。导盲犬并不会随便听从某个人的指挥。除了人类主人以外，它完全不理睬其他人的命令。但是当主人发出一个执行起来有危险的命令时，它就必须要决定是否服从。这几乎就是一个悖论：服从于不当命令的危险，往往来自于我们认为是合法的权威。

在实验中，米尔格拉姆编造了这种合法性，他让"实验者"详细解释了实验的目的：检验一项流行的学习理论是否正确，即"体罚能够提高学习"；如果这一理论是正确的，那么什么程度的体罚才最有效果。这一充足的理由给身穿实验服的"实验者"发出的电击命令提供了合法性。

建立合法性后，"不知情的受试者"看到了隔壁房间的"学员"，他被捆在一张椅子上，手腕上系着电极。"不知情的受试者"（老师）开始通过一个双向音响系统进行提问。只要"学员"答错了问题，"老师"就实施一次电击，并逐次提高电击强度。接受过培训的"学员"（受害者）会发出特定的痛苦声音，并进行不同程度的抗议：

70—105 伏特　　哎呀

120 伏特　　　　大叫说"太疼了"

135 伏特　　　　痛苦地呻吟

150 伏特　　　　"让我出去！我不要继续了！"

180 伏特　　　　"我受不了！"（从这里开始，他坚持要出去）

270 伏特　　　　极度痛苦地喊叫

300 伏特　　　　绝望地大喊"我拒绝再回答任何问题"（这时，"实验者"指示"老师"把不回答当作错误答案，并施以更高强度的电击）

315—330 伏特　更加强烈地痛苦喊叫，不再回答问题

330—450 伏特　没有了声音，也不再回答问题

"老师"和"实验者"对这令人非常不安的场景作何反应呢？

好消息是，大多数"老师"在"学员"越来越痛苦的过程中表现出了不安。他们通常会表示自己不愿意再继续下去了。为什么说这一点很重要呢？因为它清楚地表明了，这些来自不同背景的受试者并不喜欢伤害他人，促使他们实施电击的也不是虐待别人的快感。事实上，许多人对现场情况感到非常焦虑不安。那么，为什么他们深感不安，却还是有三分之二的人会继续下去呢？

在实验中，有些"老师"会表现出犹豫或不愿意继续的态度。我们为"实验者"事先准备了一系列的回应方式，或者说是"敦促"。如果某个"老师"不肯继续的话，我们的"实验者"就会依次使用以下强度不同的"敦促"：

敦促1：请继续。

敦促2：实验需要你继续。

敦促3：你继续下去非常重要。

敦促4：你没有别的选择，必须继续。

"实验者"说这些话的时候语气很坚决，但并不严厉。如果有需要的话，他会说这么一句话来让"老师"安心："虽然电击很疼，但不会造成永久性组织损伤，所以请继续。"

如果"老师"抗议说"学员"并不想继续下去了，"实验者"会说："不管'学员'愿不愿意，你都必须继续下去，直到他学会所有的单词配对。所以，请你继续。"

注意，这是"实验者"被允许说的所有语言，其中并不存在强制性的威胁。可见，害怕受到人身伤害或担心拿不到微薄的酬劳并不是驱使志愿者克服自身不适而选择服从的原因。这是在实验情境中要排除掉的一个重要因素。那么，到底是什么使得本来试图拒绝服从的受试者最后仍选择了服从呢？

我们只能认为，正是被看成合法权威的人的存在，导致了这一结果，哪怕发号施令的权威人士问题重重。这是一个值得注意的重要事实，即仅仅是表面上的合法权威，就已经压制了人们自身对形势的判断及是非观念。

为了更充分地理解这一点，接下来请跟我一起做一个并不轻松的思想实验。想象你正处在以下情境之中：

你是一个正直的美国士兵。你曾受过最高水准的专业训练。除此之外，你还接受过《日内瓦公约》（Geneva Convention）之类的战争规则或是战争行为准则的培训。你在第二次海湾战争期间被派遣至伊拉克。那里酷热难耐，人们充满敌意。每个被派到那里的人都有自己的工作。

你被分配到一个审讯小分队。你认为自己最重大的责任就是从看上去像是士兵的俘虏那里获得情报。这类情报可以揭露并破坏恐怖主义的未来计划和军事袭击。你和你的队员使用了学到过的各种审讯技术，但高级指挥官认为他们交代得并不充分。

一个新的情报专家被派来坐镇指挥。他解释说由于情况紧急，他被授权使用一种叫作"水刑"的审讯方式。因为这种方式曾被少量用于训练我方士兵，教会他们如何在被俘虏并遭受违背《日内瓦公约》的折磨时存活下来，所以你对它有所了解，但却从来没见过用它来进行审讯。

那周晚些时候，一名重量级的囚犯被带了进来。他对其他审讯方式都毫无反应。他被带进了一间小密室，手脚被绑在一块横在地面的板子上。一块湿布盖住了他的嘴巴和鼻子。你按照要求，开始用一个罐子往湿布上浇水。囚犯感到呼吸困难，并开始剧烈地挣扎，试图挣开束缚。你犹豫了，但是被要求"继续"。

你继续浇了20秒钟的水，囚犯痛苦地扭动着。然后你被要求停了下来。你把湿布揭开，让囚犯喘息着呼吸了三四次，然后又把湿布盖上了。你被命令继续倒水。囚犯再次窒息，他的眼球突起，身体不停抽搐。捆绑他的板子抖动着，不停地摩擦着水泥地。你再次犹豫了，你反感眼前的场景，脑海中也飞快地闪过一个念头：你曾经接受的训练，正是为了在这种非法的折磨下存活下来。

"继续，我们必须这么做。"你接到了命令，只得无奈照办。发出命令的是一名上级军官，他受过情报搜集方面的训练。这一次他要求你持续倒水30秒。囚犯垂死挣扎，拼命地想挣脱束缚。你为自己的所作所为感到反胃，并建议说也许已经足够了。但长官告诉你说"我们得继续"。这一次他指示你倒水要倒上40秒。当揭开湿布以后，囚犯看上去已经半死不活了。

即便只是阅读上面这段文字，你都会感受到那种来自权威人士的压力，他服务于合法需要且能左右你的选择。尽管你感到不适，但却很难拒绝服从这些命令。

其实，上面的描述并不是一种假设，也不单是为了让你有代入感。实际上，它就发生在几年前。连着好几天，那名重量级的囚犯都受到了"水刑"的折磨，就因为他没有或是不能交代出那些指挥官们认为他隐瞒着的情报。从那以后，美国政府把"水刑"视为酷刑，并正式停止将其当作一种正当的审讯技术。当权威人士下令使用"水刑"时，正直、优秀的美国士兵竟成了同谋。

不过，并非所有人都会服从这种命令。一名退休军官坦诚地跟我说，他的一个朋友曾经在伊拉克的阿布格莱布监狱服役，并被命令使用"水刑"。他的朋友对发布命令的情报官说"水刑"违背了《日内瓦公约》。情报官再次要求他执行命令时，他的朋友镇定地说：

"给我书面命令，我再执行。"

此后他再也没有接到过类似的命令。没有人愿意把这种命令变成白纸黑字，因为那会消除权威人士的合法性。如果说你发现自己陷入了相似境地，那么这是一个值得你牢记于心的回应方式。

从米尔格拉姆的实验中，我们还能学到别的什么东西，以帮助我们理解盲目服从的惯性吗？如果不服从是正确的，我们又能从那些有助于我们抵制有害命令的变量实验中学到什么呢？

反抗：新英格兰牧师

除了统计学上的观察报告，米尔格拉姆还分享了一些逸闻趣事。
让我们来看看一个男性在实验中的经历，他是神学院的老师。米尔
格拉姆记录了他对"实验者"的"敦促"的回应，下面是他们的谈
话过程：

实验者：我们把这个实验继续下去非常重要。

受试者：我明白你的意思，但我不明白的是，为什么实验要凌驾
于人的生命之上。

实验者：不会造成永久性组织损伤的。

受试者：好吧，那是你的看法。但如果他不想继续的话，我打算
听他的。

实验者：先生，你没有其他选择，你必须继续。

受试者：如果在前苏联，没准可以，但这是在美国。

我们赞赏这名受试者的胆识，但我们该怎样去理解它呢？我们需
要把这最后一句话放到冷战时期的背景下来领会。美国曾与前苏联展
开过一场较量，那时候美国被认为是自由的国度，而前苏联则很少重

视个体的人权。因此，和"实验者"相比，该受试者所援引的文化传统就显得更为重要和合理。米尔格拉姆观察到，他并没有被"实验者"的身份和地位吓唬住，而是把他视作"一个愚蠢而顽固的技术员，根本不知道自己所做实验的意义所在"。

这是一个非常有用的观察所得，在剔除冷战思维之后，它对我们当代的技术社会仍然具有很大价值。我们在生活中处处能遇到技术人员，他们命令我们站在某条线后面，穿过X射线，在文件上签字，提供个人信息，等等。电视真人秀《偷拍》（Candid Camera）有一期颇有争议的节目，制片人在机场安检区放置了一台假的X光扫描仪，要求乘客躺在传送带上接受安检，并对他们保证说这很安全。让人难以置信的是，12个乘客中有11个照做了！他们一个接一个躺在传送带上，双手交叉放在胸前，通过了这台假机器的检查！这可是在美国啊，不是在前苏联！这件事并不像《偷拍》一贯的噱头那样滑稽搞笑，因为人们细想一下就觉得非常恐怖。我们是多么习惯于服从技术权威啊，无论他们穿着的是实验服还是制服。问题是，我们应该怎样界定服从与不服从之间的分界线呢？

另外，米尔格拉姆还观察到，一旦我们卸下自身的责任听命于权威，我们就会致力于以熟练的技术来执行命令。我自己对这一点就深有体会。2001年9月11日，一架被劫持的商务飞机撞击了美国的地标建筑。随后，机场的安检程序变得越来越严格。虽然我理解加强安保措施的必要性，但从内心来说，我很抵触安检的过程，因为那让我们看起来就像温顺的小绵羊。然而，随着时间的流逝，我发现我对加强安保措施的起因问题关注得越来越少，而对如何快速地完成安检关注得越来越多。当时的安全扫描技术还需要乘客在经过设备时，做出特定的动作予以配合。我解开鞋带，从包里掏出笔记本电脑，解开行李包上的带子，从里面抓出装有洗漱用品的透明塑料袋，以媲美接力赛的速度把所有的东西一股脑塞进传送带上的托盘里。我掏出口袋里的最后一样东西，在那些手持扫描仪的安检人员还没开口时，我就已经把手臂举过了头顶。我发现我当时非常自豪于自己的速战速决，《偷拍》真该好好嘲笑一番我当时的自觉。

你或许也有过类似的经历，对自己在机场安检过程中的良好表现有一点儿自豪，对那些在安检中笨手笨脚的人有一点儿不屑和不耐烦。但我要指出的是，这种自豪感不但是可笑的，而且是非常危险的！二战中，在纳粹死亡集中营对犹太人进行大规模屠杀的阿道夫·艾希曼（Adolf Eichmann），也同样自豪于自己娴熟的技术。如果我们让技术要求替代了我们的道德判断，就会出现和阿道夫一样的想法。

我们或许可以从米尔格拉姆所提到的牧师身上，初步学到如何阻止这种危险的进程。他对命令来源的合法性提出了质疑，即使那个人穿着灰色的实验服。这似乎有助于我们练习智能不服从，练习理智地辨别接到的命令，即使这些命令几乎都来自那些遵规守纪的技术人员和勇于担责的知识权威。不管怎么说，这种明智的区分是通往正确方向的开端。这是我们早先说过的"三步法"中的第二步，即弄清楚应该服从哪些命令：

权威人士是否具备合法性和相当的能力？

然后再决定是否服从他（她）的命令。

实验结束后，跟所有的受试者一样，那位牧师也接受了询问。实验组向这个牧师解释了实验的真正目的，并问他："在你看来，想要加强反抗不人道权威的力量，最有效的方法是什么？"

在世界各地，有太多人无辜遭受伤害，没有比减少这种伤害更重要的问题了。这个牧师回答说："如果一个人视上帝为自己的最高权威，那么人类的权威就不算什么了。"

米尔格拉姆得出了一个很有说服力的结论：他之所以能够反抗权威，并不是因为他"否定了权威，而是以善的权威（这里指的是神的权威）替代了恶的权威"。在这里，米尔格拉姆并没有强调宗教性，而是告诉我们，假如想要抵制有害命令，我们就要坚守其他一些东西，如价值、准则、誓言、信念等。

在下一章，我们将会研究由基础实验所延伸出的那些变量实验，它们会指引我们去改造社会环境，减少不当服从。不过在此之前，有人可能会问：这些 50 多年前的实验值得我们如此重视吗？

《死亡游戏》：新时代的米尔格拉姆实验

2010年，也就是在米尔格拉姆初次实验的50年之后，法国的一个纪录片导演构思了一个创意，即在电视节目里复制米尔格拉姆的基础实验。在米尔格拉姆的实验里，"学员"并没有遭受真正的电击，但是他那痛苦的尖叫声却很逼真。因此，"老师"相信从70伏特到450伏特的电击都是真的。出于伦理道德方面的考虑，这一实验被禁止重做，因为它在受试者身上施加了太大的压力。但显然，这个纪录片导演既不知道这个禁令，也没受这个禁令限制。他的初衷是想展示，在传媒的力量和追求刺激的观众的共同作用下，权威的力量会驱使普通人做出极度有害的行为。下面是BBC关于该事件的报道的摘要：

关于法国电视节目《折磨》(*Torture*) 的争论

记者大卫·查森（David Chazan），BBC新闻，巴黎一部令人感到不安的法国电视纪录片试图展现善良的人们是如何受人操控而成为施虐者甚至是刽子手的。

本周三，在主要的地面频道，法兰西二台的黄金时段播出的《死亡游戏》(*Game of Death*) 引起巨大争议。

共有 80 人参加了这个节目，他们都认为这是一档综艺节目。

由于只是一场竞赛游戏，他们被告知没有奖品，但会收到一笔 40 欧元的象征性酬劳。

在节目开始前，他们签署了同意对其他参赛者实施电击的协议。

他们鱼贯进入一间演播室，这间演播室的布景和流行的综艺节目没什么两样。

当某位参赛选手答错问题时，节目组就要求其他参赛选手对其施以电击，而且要一次比一次强度高，最高可达到 460 伏特。

盲目的服从

魅力四射的主持人、高喊着"惩罚"的演播室里的观众、紧张激烈的音乐，在这些因素的共同煽动下，绝大多数参赛者都服从了命令，持续实施了电击，完全不顾那个男人痛苦的尖叫和苦苦的哀求。

最后，他安静了下来，大概是已经死了或者是失去了意识。

参赛者们不知道的是，那个被绑在小隔间（这样他们就看不见他了）椅子上的男人其实是个演员。电击并没有真的发生，这不过是一个实验，好看看参赛者们究竟会做到何种程度。

在 80 个参赛者中，只有 16 个人在实施最高电压的致命电击之前收手了。

"没人会想到是这个结果。"一个评论家严肃地说道，"80%的参赛者进行到了最后。"

该节目被认为是对盲目服从的警示，同时也因为其羞辱和伤害了参加节目的人而备受批评。

大多数参赛者在实施电击时明显表现出了焦虑和困扰，有一些人则紧张地大笑起来。

许多人说他们想要停止，但在主持人的劝说下又继续下去了。

这个节目的构思来自于20世纪60年代社会心理学家斯坦利·米尔格拉姆在耶鲁大学所做的一个实验。

他采用了相似的方法去研究人们是如何参与到大规模屠杀中去的。

参与该纪录片制作的心理学家让·雷翁·博沃瓦（Jean-Leon Beauvois）说，他和团队的其他成员花费了数月时间来分析实验结果。

他说："当参赛者签订协议之后，他们就被放在了刽子手的位置上。"

"他们都是普通人，没有什么特殊的地方，但是80%的人让自己堕入了施虐者的深渊。"

如果你看过这一电视实验的录像，你会发现一个穿着体面的年轻混血观众言辞急切地催促"老师"去实施电击。那些拒绝继续实施电击的人背景各不相同。他们中的一些人早前经历过残酷的专制统治，这让他们拥有了反抗的能力，但同样具有此类背景的另外一些人却没有那么做。即便这些成功抵制有害命令的参赛者们在个人经历上有某种共性，那也让人难以捉摸。因此，我们与其去关注无论如何都无法

改变的出身背景，不如去改变当下的情境，让所有潜在的行动者做好
充分的准备，以有效地回应过分的命令。

在这档节目的录像中，我们看到一个非洲女性拒绝对"学员"
进行电击。她对自己的所作所为深感困惑。虽然节目主持人和观众
都在煽动她，但她进行到一定程度后就不愿意再继续了。她被带离
了舞台，并对自己所做的一切感到非常痛苦。她也算是那很少的20%
中的一员，他们毕竟确实中止了比赛。由此我们可以发现，米尔格
拉姆实验中的人类行为并不是知识贫乏时代的产物。我们这个时代，
或者很可能所有的时代都会出现这样的行为。那么，我们对此该做
些什么呢？

庆幸的是，米尔格拉姆又进行进行了一些变量研究，它们会帮助
我们回答上述问题。我们将在接下来的章节里探讨这些变量实验。让
我们先总结一下基础实验所勾勒出的令人不安的概况：

1. 我们中的大多数人相信自己不会服从有害命令。

**2. 米尔格拉姆的实验告诉我们，相信自己不会服从有害命令的
信念并不可靠。**

3. 大多数人会服从有害命令，即使他们会对此感到不安。

4. 生活中无数不当服从的例子印证了米尔格拉姆实验的结论。

**5. 我们混淆了技术人员与合法权威的区别，前者本身也"只是
奉命行事"，后者才是博学的、有担当的，并且有能力修正或是取消
那些可能导致伤害的命令。**

**6. 我们会因高效而准确地执行技术性的命令而深感满足，并以
此掩饰服从这些命令所带来的不道德感。**

7. 有这样一种倾向，不管是技术权威还是法定权威，我们都倾向于关注眼前的权威，而不是关注那些可以为我们指引道德方向的"更高权威"。

在下一章，让我们来看看米尔格拉姆的哪些发现能够帮助我们扭转这种大有问题的普遍倾向。

第 6 章

改变互动方式

一个人想要反抗权威的时候，最好是从和自己立场相同的伙伴那里取得支持。

——斯坦利·米尔格拉姆

变量实验一：距离

在《对权威的服从》（*Obedience to Authority*）这本书里，米尔格拉姆写道：

服从权威的程度取决于很多因素，本研究的关键就是调整这些因素，以此了解在什么情况下，最可能出现对权威的服从，在什么情况下，不服从会占据显要地位。

多年来，我曾和一些职场人士和管理人员讨论过米尔格拉姆的实验，他们虽然很熟悉这些实验，但从来没有强调过它们的重要性。研究米尔格拉姆的学者虽然了解变量实验的情况，但并没能在我们的文化中有效地推广这些知识。我们震惊于基础实验对人类行为的揭露与控告（虽然米尔格拉姆谨慎地并未进行道德判断），结果却错过了在他挖出的黑土中寻找金子的机会。那就是，怎样帮助人们习得智能不服从。

让我们分析一下米尔格拉姆在基础实验之后所做的几个变量实验，来看看当面对有问题的、危险的，甚至是完全不人道的命令时，我们还能学到其他哪些关于服从或不服从的经验。

与"受害者"的距离

　　米尔格拉姆把"学员"（受害者）与"老师"（受试者）之间的距离当成了一个变量来研究，他设置了三个不同的距离实验。当"学员"远在另一个房间时，受试者只能听见他那痛苦的喊叫声，这时，65%的受试者奉命实施了直到450伏特的所有电击；当"学员"与受试者同处一个房间时，受试者既能听见他痛苦的喊叫声也能看见身体上遭受的痛苦，这时，实施完所有强度的电击的人降到了40%；当改变实验内容，要求受试者强行把"学员"的手按在电镀板上接受电击时，只有30%的人（不到第一种情况的一半）完成了直到450伏特的所有电击。我们可以对这些数据做一些冷静的思考。

　　我们生活在这样一个时代，军用无人机能够远程射杀个体或群体目标，网络攻击可以使整个城市的水力、电力系统瘫痪。只需"推动操作杆"就能造成毁灭性打击的人对自己亲手制造的惨剧不会有直观的感受。根据米尔格拉姆的变量实验，这是服从权威的"绝佳"情境。我们愿意接受这样的结果吗？难道发明出可以发射自动无人机的人工无人机就是我们的终极理想吗？如果不是，我们该怎样给这些执行远程命令的人灌输伦理责任呢？在执行命令时，他们需要何种程度的信息才能做出符合伦理的选择呢？怎样的反馈机制能够影响他们是否继续采取行动的决定呢？

　　另外一方面，我们必须深思的是，尽管需要死死地抓住"受害者"的手才能完成电击的任务，但还是有相当一部分受试者（30%）照做了。这是否说明总有一些人会助纣为虐，纵容权力肆意妄为呢？

是否有什么社会机制可以应对这种黑暗的倾向呢？我们会在接下来的变量实验中找到一些对策吗？

与权威的距离

米尔格拉姆推测，如果受试者与"受害者"的距离是一个变量的话，那么受试者与权威的距离也应该是一个变量。他设计了另一个变量实验："实验者"在给出初始命令后就离开实验室，然后通过电话继续发布命令。这样一来，全部完成电击任务的受试者竟然跌到了20%！当"学员"答错问题时，受试者会被要求不断提高电击强度，但有些人开始偷偷违背命令，只施以最低强度的电击。这是智能不服从的另一种形式，受试者虽然没有公开反抗权威，但仍然做了他认为正确的事情。

所有智能不服从都是与特定情境相关的，我们需要在此情境中对自己和他人做出判断，对服从和不服从的后果进行评估，并在此基础上决定做什么和怎么做。从上面这个变量实验中我们可以推断出，越是需要有权威人士在现场监督执行的命令，其合法性就越低。这可以作为一条判断标准，我们可以运用这一标准对某些情境做出判断，并决定在此情境中是否服从命令。

让我们暂时回到"水刑"的场景中去，看看这一标准是如何起作用的。

再次想象一下，你是被派去用"水刑"审讯重要囚犯的小分队中的一员。在完成了数轮"水刑"之后，上级军官离开了审讯现场，并要求你在他离开期间继续用刑。你和其他人开始变得犹豫不决了，你可能只浇了10秒钟的水，并在两轮"水刑"之间停顿了更长的时间，好让囚犯恢复正常的呼吸以减轻痛苦。

上级军官返回后，你恢复了原来的做法，并认为这种道义责任应该算在他头上。请注意一下，在权威人士在场和不在场的情况下，你的行为举止是不一样的。这种不一样应该触发我们对命令的道德性进行审视。不管上级军官是否返回了现场，你试图逃避这一命令的心态，恰恰说明道义责任还是在你身上的。这是智能不服从的一个重要方面。这个命令是合法的吗？它会导致有利的后果还是有害的后果呢？如果关于此事的调查找到你，你能声称自己"只是奉命行事"吗？这是一个预警信号！一旦出现了这种信号，不论是恰当服从还是智能不服从，你都要想办法与权威人士拉开必要的身体或精神上的距离，以冷静地思考怎么做才是对的，并按照自己的判断行事。

不管你身处哪种情况，重要的是你做了什么，而不是你感受到了什么或说了什么。你的抉择和行动才是重点。

米尔格拉姆举了另一个受试者的例子，这个受试者虽然不断表示反对实验，但还是实施了越来越强的电击。米尔格拉姆发现他的语言和行动严重背离，甚至对"实验者"表现出了一种不合时宜的礼貌。米尔格拉姆写道："他知道自己在杀人，但说出来的话却很轻松。"

也许，我们认为"我觉得我们做得不对""我告诉过他们我们应该停下"之类的话会让我们摆脱道德责任。但这根本不可能，我们既不能因此无愧于世界，也不能因此无愧于自身。我们毕竟还是照做了。虽然我们彬彬有礼，但我们服从的是不该服从的命令。我们对自己的所作所为负有不可推卸的责任。

变量实验二：冲突

许多文化中都有这样一条准则：父母双方不应该在孩子面前表现出意见分歧。推而广之，在许多组织内，两个权威人士在下属面前发生争论被认为是不妥的。这种争论确实会让在场的人感到不安，而且使他们分不清谁是主要负责人，也不知道该听谁的。但这一定就是一件坏事吗？

米尔格拉姆设置了另一个变量实验，他安排了两个身穿实验服的"实验者"，并让他们轮流发出命令。当他们的命令一致时，一切如常。当实验进行到150伏特的时候，"受害者"首次表现出了强烈的抗议。一个"实验者"说要停止实验，另一个"实验者"则按惯例回应道："实验需要我们继续。"他们各自重复了好几遍自己的立场。在这次变量实验中，没有一个受试者会服从命令继续下去。

很明显，这项研究传达出一个重要信息，即生活中不总是只有一个权威。不论是在机场安检处、医院急诊室、世通公司的会计部门，还是在你工作或学习的地方，我们经常要面对多个权威。由这一实验结果我们可以发现，服从总是发生在特定的社会情境中。不仅收到有害命令并执行该命令的人难辞其咎，而且发出该命令的人同样难辞其咎，除此以外，整个体系中的其他各方同样应负有相当的责任。我们马上会探讨其他非权威参与者的作用。在此之前，让我们先探讨一下第二个权威人士在互动过程中的作用。

我们从米尔格拉姆的研究中可以看到，一个权威人士对另一个权威人士的否定会彻底打断受试者对有害命令的服从。第二个权威人士并不比第一个权威人士级别更高，他只是由于其职位及职位的象征意义而具备了与后者同等的合法性。不同于坚持要求继续进行实验的"实验者"，第二个权威人士旗帜鲜明地提出了自己的道德立场，这能极为有效地减少对有害命令的服从。这样看来，在阻止破坏性行为方面，权威人士应该比接受命令的人承担更多责任。然而，由于社会互动的存在，权威人士要想做到这一点，并不比其下属更容易。权威人士同样需要有抽身而退和顶住同侪压力的能力。

为了说明这一点，我跟你们分享一个故事，是关于一个年轻朋友的。她刚当上老师，对教学工作充满热忱，也非常关心学生，她叫玛茜（Marcy）。玛茜有一个同事，是同年级另外一个班的老师，叫米歇尔（Michelle）。

米歇尔有点儿难相处，她和玛茜的关系比较紧张。有一天，玛茜到另一个班去借东西。当她走进隔壁班教室的时候，竟然发现一个学生被用胶带绑在椅子上！在众目睽睽之下，他被捆绑在椅子上动弹不得。显然，要么是米歇尔自己动手绑的，要么是米歇尔命令学生绑的。或者退一步讲，是米歇尔默许学生绑的。玛茜本能地感到震惊，但由于担心自己与米歇尔原本就很微妙的关系进一步恶化，她压制住了自己的本能冲动。看到玛茜后，米歇尔请她帮忙照看一下班级，因为她要为接下来的活动去换一下衣服。玛茜答应了。当米歇尔离开后，玛茜问那个被绑在椅子上的学生是否安好。他表示还好，玛茜就没再做什么。

这个学生的父母对儿子所遭受的虐待非常愤怒，第二天就跑来找校长。校长从米歇尔那里获知，她确实对学生实施了这一惩罚。校长殊难接受这种行为，立即解雇了米歇尔。第三天，玛茜像往常一样来学校上课。但是通过进一步的调查，校长发现玛茜当时也在那个教室里待了几分钟，而且没有采取任何行动来制止米歇尔。她也被当场解雇了。

我们可能会认为，这件事虽然令人义愤填膺，但并不是我们生活、工作于其中的真实世界的写照。我原本也是这么认为的，直到我读到了一份报告。这份报告写于2014年12月，题为《隔离与限制的滥用依然非常普遍且很难纠正》（*Dangerous Use of Seclusion and Restraint Remains Widespread and Difficult to Remedy*），是写给美国参议院的健康、教育、劳工及养老金委员会（US Senate, Health, Education, Labor and Pensions committee）的。报告的开头几句很有煽动性：

"今年8月，亚利桑那州的一个老师用胶带把一个小学二年级的学生绑在了椅子上，原因是她过于频繁地站起来削铅笔。"

这份报告的摘要显示，在2009年到2010年间，至少发生过66000起滥用隔离或限制的事件。其他消息来源则证实，在接下来的几年里，发生的此类事件多达25万起！对于学校里滥用隔离与限制的事件，联邦法律并不适用，因为各个学校的情况不尽相同，所以都是由地方上的权威人士自由裁量的。直到最近，联邦法律才全面禁止了使用隔离与限制，除非出现必须使用的极端情况，比如为了防止对学生或其他人造成人身伤害。

玛茜非常爱岗敬业，这使得她有幸从档案中删去了这一不光彩的记录。她学到了十分重要的一课，后来又进了另一所学校。为了避免不利的社会后果（与米歇尔关系恶化），她没有直言不讳，但她的沉默让她成了米歇尔的共犯。校长的处理也许不太公平，他让玛茜承担了和米歇尔一样的责任，而事实上后者才是把学生绑在椅子上并让他一动不动的人。这种处理可能过于严苛了些，但却传达出一个正确的信息，即所有的权威人士在发现有害行为后都有责任阻止该行为，而不是扬长而去。

玛茜本来可以把米歇尔喊到走廊里，在学生听不见的地方和她当面对质。尽可能地避免使其他权威人士在公开场合难堪，这是一条很好的社交原则。如果这还不足以劝阻米歇尔收手的话，那就不妨在公开场合大声地说出来，尽管那会使两个人的关系进一步恶化。

变量实验三：旁观者

近来，反映发生在学校、虚拟电子空间和职场的欺凌行为的作品大量涌现。它们大多强调不要纵容欺凌，要给予被欺凌对象更多支持，让他们具备反抗欺凌行为的能力等，只有少数作者注意到了欺凌行为中参与互动的第三方——旁观者。庆幸的是，这种情况似乎正在发生改变。旁观者出现在欺凌现场附近，但并不是直接被欺凌的对象，因此，他（她）具备更好的心理状态来应对现场的情况。这些作者们发现，旁观者极有可能会有效地阻止破坏性行为。

其中有位作者叫芭芭拉·克劳罗塞（Barbara Coloroso），她准确地指出，在那些具有种族灭绝倾向的国家政权里，不管是纳粹德国还是其他所有制造种族灭绝惨案的国家，都有同样的模式在起作用，那就是，沉默的大多数即旁观者也纵容了犯罪。

职场上的欺凌者有可能位高权重，但多数情况下并不是，学校和虚拟世界里的欺凌者则完全不是。然而，他们却通过威胁、恐吓，网罗了其他人一起参与欺凌，形成了自己的规矩和虚假的合法性。发生在学校里和社交网络上的这种事让老师、家长、学校管理者忧心忡忡，职场上的此类事件也让人力资源总监十分头疼。那么，我们要怎样做才能破除欺凌者的权威呢？

米尔格拉姆所设计的另一个变量实验，能够为我们展示同侪或旁观者是怎样触发智能不服从的。反过来，关于欺凌行为本身的研究也印证了这一变量实验所揭示的道理。

在实验中，米尔格拉姆在"不知情的受试者"身边又安排了两名看起来像是"老师"的人。事实上，他们是被安插进来的"同谋者"。"老师1"（同谋者1）负责给"学员"朗读需要配对的单词，"老师2"（同谋者2）负责报告"学员"的答案是否正确，"老师3"（不知情的受试者）则负责推动操作杆实施电击。

当电击增强到150伏特时，"老师1"拒绝再进行下去了，他离开原来的座位，坐到了别的地方，完全无视"实验者"要求继续的命令。于是，"实验者"只好要求"不知情的受试者"接替"老师1"的任务，既负责朗读题目也负责实施电击。这种情况下，有32%的受试者在电击强度达到195伏特时，选择退出实验。当电击强度达到210伏特时，"老师2"（同谋者2）也退出了实验。他也坐到了别处，表示在实验结束之后，愿意回答"实验者"的询问，但不想再参与这件事了。这种情况下，又有30%的受试者立刻拒绝了继续进行实验。只有10%的受试者将实验进行到了最后的450伏特。多达90%的受试者抵制了权威人士的催促！

米尔格拉姆认为，从这个变量实验里得到的经验能够非常有效地减少人们对有害命令的盲从。他指出了三个主要原因：

1.我们大多数人都有内化的行为标准；当看到一个或几个反抗示

例后，我们会意识到，反抗权威人士并不是一种奇怪的行动，而是在当前情境中的正常反应。

2.当看到其他人在表明反对意见后并没有受到过多惩罚时，我们会重新评估自己也这么做的风险。

3.一旦其他人退出了有害行动，而我们继续听命的话，原来由群体共同承担的责任就会落到我们自己头上。

这里还有一个很重要的问题。万一权威人士确实惩罚了那个带头反抗的人呢？那些企图用暴力来巩固自己权力的人就经常使用这种手段。这也很好地解释了为什么第二个或第三个反对者的表现尤为重要。他们对第一个反对者的声援会改变其他人对局势的判断。其他人不再看重虚假权威甚至是所谓的正式权威，而是更看重社会规范，并去做他们直觉上认为是正确的事情。于是，权威人士失去了地位，他的命令也失去了效力。

当然，上述结论的前提是，取代权威力量的社会规范所维护的是高尚的人类价值。如果它们不是的话（某些群体镇压其他群体的历史告诉我们，它们很可能不是），我们就需要找到别的方法来触发智能不服从，这种新的方法既不能依赖于权威也不能依赖于规范。我们内心的准则能够指引我们去做正确的事情，它就是我们最初的方向。但对很多人来说，顶住社会的压力、遵守内心的准则并不那么容易。在下一章我们将探讨，为了做到这一点，我们应该做好哪些准备。

变量实验四：间接伤害

研究和教授米尔格拉姆作品的人也非常熟悉他的其他变量实验，这些实验也都为服从和不服从提供了经验教训。就本书的研究目标来说，我想要再特别强调一个变量实验，也是最让人触目惊心的一个。为什么这么说呢？因为在这个变量实验里，多达90%的受试者进行到了最后！这个实验还告诉我们：大多数身处庞大官僚机构中的人，之所以会成为破坏性行动的一员，是因为他们本身确实没有造成即时的、直接的伤害。

在这个变量实验中，受试者并没有对"受害者"施以电击，他只是充当了一个助手的角色，负责朗读题目或者记录答案。由于受试者并没有直接对"学员"施加伤害，所以他们不会有什么心理负担。实验本身的规范彻底盖过了道德规范，这些实验规范包括：同意参加实验，认同权威的合法性和目的的合规性，同伴的参与印证了实验的合法性，个人无须承担施加伤害的责任。

让我们把目光移到前面"水刑"的案例上。假设这次不是由一个士兵向囚犯鼻子和嘴巴上的湿布浇水，而是由一个情报分析员认定该囚犯确系重要的目标人物，并要求增加审讯强度。这个情报分析员只是在遵守职业规范、尽职尽责完成任务，他会提出自己的分析并由此提出自己的建议，但他无须直面自己的分析和建议所造成的直接后果。

在我们这个复杂的社会里，大多数人扮演的是和这个情报分析员类似的角色。我们不是故意要往汽车里安装可能威胁到生命安全的零件，而是我们刚好承包了这块业务，并用最低价格采购了刚刚符合标准的点火器零件；我们并不是要给重症患者提供毫无疗效的药物，我们只是在研发药物的时候，为了让新药顺利通过评估，随手删掉了药物实验中一些凌乱的统计数据；我们并没想拉高青少年的糖尿病发病率，我们只是提供了他们买得起的校园午餐，从而使我们自己生产的午餐如愿被送往学校餐厅并吸引学生争相品尝；我们不是要为那些"黑心工厂"的恶劣工作条件做辩护，我们只是想采用最新的用户友好型技术，为手机升级换代。

在诸如此类的无数事例中，我们并没有直接参与伤害另一个人。这些事的后续发展迟早会酿成苦果，我们却对此视而不见、充耳不闻。我们的意识会自己屏蔽掉那些问题重重的信息，并专注于完成被指派的工作。

我的分析不知不觉从较为狭窄的领域，即对一个直接命令的智能不服从，转入了更困难的领域，即有原则地拒绝加入一个破坏性的体系。这是智能不服从和公民不服从的交错地带，也是一个我们很难把控的标准。我强调这一点是因为人们不应该对此毫无所知。虽然受试者在实验过程中被赋予了一个角色，但事实上他们就是沉默的旁观者。不过，在米尔格拉姆的这个变量实验里，至少还有10%的人充分保持了道德责任感，拒绝继续充当助手，拒绝成为沉默的同谋。

在我们这个社交媒体时代，正是这些极具道德感的少数人中，突然有一个人觉得有必要提高公众对滥买滥用的认识，于是就发起了"给产品贴上原产地标签"的运动，这样就能避免买到来自战乱地区的产品或是那些没有采用绿色环保技术的产品。由于社交媒体的放大效应，数以万计的人陆续加入了这一事业，并把它发扬光大了。产品制造商发现，就算是为了商业利益，也必须对此做出响应。于是，改变发生了。这个例子里，你同样不是那个率先运用智能不服从的人，但只要你认识到这些挺身而出的人做的是正确的事，你就会支持他们。

让我们回顾一下从几个变量实验中学到的部分知识点：

1. 如果你对自己被命令去做的事情感到不安，要尽早大胆地说出来，同时不要因为完成了技术指标而沾沾自喜，而忽略了道德良知上的不安。

2. 如果你认为该命令是不道德的或是不合法的，除非情况紧急，否则就要求权威人士给出书面命令。如果权威人士不愿意把它变成白纸黑字，那就无须执行该命令。

3. 如果该命令与更高的价值观相冲突，那么，就要遵循这一更高的价值观行事，并为自己的所作所为承担责任。

4. 如果你对别人的道德养成负有责任，那就要创造一些机会去训练他们，使他们善于质疑那些与更高价值观相悖的技术性命令。

5. 如果你奉命采取的行动会对远处的某一地区或地点产生即刻

的影响，那么你要设想一下这种影响，并弄清楚它是否符合你一贯遵守的道德和法律。

6. 如果你发现，当权威人士不在场时，你不太想执行他（她）的命令，这说明你并不完全确信该命令是正确的，那就不妨进一步提出质疑。

7. 一旦执行了错误命令，你就得为此负责，即使你在执行过程中表示过反对。只有断然拒绝执行命令，才能使自己不受牵连。

8. 如果你是一位权威人士，且认为另一位权威人士的命令不正确或不道德，那么你就有责任大声说出反对意见，从而帮助其他人抵抗错误的命令。

9. 不要因为社交礼仪而不敢对他人的错误命令表示明确的反对意见，不要考虑他们在等级体系中处于什么地位，也不要担心因此而造成什么不便。

10. 如果有人先于你对不合道德的、不切实际的命令或集体暴力进行抵制，你要支持他（她），可以是断然拒绝服从命令，也可以是就目前状况提出替代性方案。

从米尔格拉姆这里，我们还可以学到更多的东西，但还是让我们先回到本书的灵感来源——导盲犬身上吧。我们能从它们身上学到哪些智能不服从的经验呢？

第7章

导盲犬训练的"秘诀"

我们不是情境力量的奴仆，但是得学会抵抗和对付的办法才行。

——斯坦利·米尔格拉姆

忠诚的伴侣

六月下旬的一个大热天，我驱车前往历史悠久的新泽西州莫里斯镇，那里的古建筑保存完好。镇上有一所占地69英亩的导盲犬训练学校（The Seeing Eye, Inc.），我要拜访的正是这所学校的现任总裁兼首席执行官詹姆斯·库施博士（Dr. James Kutsch）。吉姆（Jim，詹姆斯的昵称）非常聪明又讨人喜欢，他是个博学多识、富有远见、果敢坚定的行政官。他拥有计算机科学博士学位，也是全世界最早为视障人士开发屏幕阅读程序的人之一。吉姆是第一个从导盲犬训练学校毕业而成为该校总裁的人。他的金色拉布拉多猎犬科尔比耐心地趴在办公室的狗窝里，等着为他在办公楼和校园里带路。

由石头铺成的一条路通向学校主楼的入口。这些石头是由赞助者们捐赠的，上面刻满了他们对导盲犬的 "爱的留言"，因为导盲犬改变了他们的生活。想象一下，你的一生中有近10年的时间是和一条忠诚的狗共度的，它时刻陪着你，无论是散步还是睡觉，而且视你的人身安全为第一要务。现在再想一下，你知道狗的寿命要比人类的寿命短很多，所以你总有一天会失去它。这是刻在石头上的一段颂词：

强大而不傲慢，勇敢而不凶残。

只有美德，没有恶习。

芬尼克斯 2006年7月16日

从性格上说，只有特定品种的犬类才能成为导盲犬。它既要性情温和，能够安静地在主人脚下待上几个小时，不管是在餐厅里、教室里，还是在飞机上；也需要精力充沛、精神集中，能够在具有挑战性的环境中接受训练、开展工作，比如运输高峰期的繁忙的火车站。

一只幼犬在断奶之后，会被送去一个家庭。这个家庭会养育它长大，并帮它适应各种社会环境，这是训练导盲犬的必要步骤。我班上的那位女士就是这种情况，她让那只狗待在桌子底下就是在训练它。

导盲犬训练中最具挑战性的是什么呢？首先，狗的注意力要高度集中。你自己养的狗走在大街上时，极有可能会因为路边的活动和气味而分心，而导盲犬无论什么时候都不能走神。当然，导盲犬还需要学会服从一些基本的命令，比如"前进""左转""右转"和"停下"等，但这些还算容易的，最具挑战性的是要学会在恰当的时候拒绝服从命令。你可能想象过自己变成盲人的景象。即使这样，你还是很难想象出，当你什么都看不见时，你的生活会是什么样的。请和我一起再做个心理实验。当你阅读下面几段文字时，体会一下你不断变化的情绪状态：

你什么都看不见了。你的世界充满了声音、味道、形状、纹理和一种空间距离感，但是所有的视觉刺激都没有了。你不知道汽车司机是否在你过街之前看到了你，你不知道交通信号变成了红灯还是绿灯，你不知道工人是否在你正穿过的大街上挖了一个大坑。数百万辆两吨重的庞然大物连绵不绝、呼啸而过，这就是我们的交通工具——小汽车，如果你能看见的话，你肯定会尽力躲避。

你选择居住在生活便利的城区，在步行距离内就有许多设施，这样你就能尽量独立行动了。因为你不能开车，所以如果住在近郊或乡村的话，你的日常生活就更需要别人照顾。（这本书出版之时，无人驾驶汽车刚刚成为现实。也许有一天，先进的技术会取代忠诚的导盲犬，或者能让盲人重见光明。但现在，导盲犬仍旧是成千上万的盲人不可缺少的陪伴。）你对居住的社区越来越熟悉：直走四个街区然后向右转，再走两个街区能到达干洗店。你已经学会了用手杖来探路，你用手杖前前后后试探一番，就能很好地确定方向并避开大多数障碍物。但总还有始料未及的障碍物存在，比如由于大雨的冲刷，一根树枝比平常要低，比如被铲雪车铲到人行道对面的一堆雪，再比如，当你过马路时，一辆汽车从拐角处飞驰而来。你遭遇了一连串不愉快的事情，还差点儿出事，你很狼狈甚至觉得颜面尽失，于是你开始限制自己的外出，变得越来越与世隔绝。这不是一种完整的生活。不管感情上还是社交上，你都变得越来越自闭。你意识到，想要重获自由，过想要的生活，你就得做点什么不一样的事情。

为了提高自己的独立性，你申请了一所教授如何使用导盲犬的学校。你对此多少有些疑虑：我愿意和一条狗朝夕相处吗？我能照顾好它吗？它能让我比现在更加独立吗？当你听说经过激烈的竞争和严苛的筛选，你竟然被这所学校录取之后，你多少有点儿兴奋，尽管仍带有一丝疑虑。

经过4个星期从早到晚的密集训练后，你和导盲犬米莉回到了家。你昂首挺胸，阔步前进，展现出了全新的自信。你在短时间内的巨大改变让熟悉你的人印象深刻。你准备再次前往干洗店。

你信心满满地走在那条林荫道上，突然，米莉不再听从你的指挥，而是把你拉向了左边。发生了什么事？你不知道，但米莉知道：去干洗店路上的那家熟食店挂出了一块招牌，用来宣传他们刚推出的特别午餐。招牌挂在离地面1.8米的地方，米莉可以很轻易地从下面穿过去，上面的空间对它来说绰绰有余。但是你有1.9米高，如果它继续带着你往前走的话，你就会猛地撞上那块招牌，伤到自己。米莉是怎么知道要避开那块对它自己来说并无危险的招牌的呢？又是怎么知道要坚决把你拉向另一个方向的呢？米莉是怎样学会识别这种情境并学会使用智能不服从的呢？

这里就要说到戴夫·约翰逊（Dave Johnson）了。戴夫是导盲犬学校的教学主管。导盲犬学校共有24名训练师，他们学有所专，负责着250只狗的筛选和训练，而戴夫则需要全天候监督他们的工作。除了负责筛选犬种、指导训练外，戴夫还需要维持每年12期的盲人学生的继续教育课程，每一期的学生都多达24人。他在导盲犬学校工作了28年，是这个领域中的行家里手。

吉姆和戴夫带着科尔比和另外一只小型拉布拉多猎犬来到了非常美丽的莫里斯镇火车站，为我演示智能不服从是如何发挥作用的。戴夫把小货车停在了一个残疾人专用车位，然后我们全都下了车。通常来说，当火车进站后，戴夫会发出"前进"的命令，导盲犬会寻找距离最近的车门，然后领着他进入车厢。但是，这一回火车还没有进站。当他命令导盲犬朝着站台边缘向前走的时候，它并没有听命，而是东张西望一番，然后果断地拉着他离开了站台边缘。这就是所谓的**"反拉"**。我们这些在等级体系中工作的人要注意了，当上级完全没有意识到自己处在危险的边缘时，"反拉"大概是一个可用的好方法。虽然它看上去像是不服管教，但事实上却是救命之举。所有的导盲犬训练都始于一条基本准则：指挥者确定方向，导盲犬则想办法安全到达那里。

吉姆、戴夫和我碰面的那天，气温几乎达到了38摄氏度。天气太热了，导盲犬无法在大街上工作，因为路面会烫伤它的脚掌。由于无法演示，戴夫只好为我口头描述了导盲犬在过马路时的工作情景。

受过训练的导盲犬会在每个十字路口停一下，等待下一个命令，比如"前进""左转"或"右转"。人类主人和导盲犬都要通过他/它们能够获得的感知觉信息对环境作出判断。导盲犬虽然看得见，但并不像我们那样能分辨色彩。它无法辨别信号灯是否从红色变成了绿色。人类主人需要聆听周围的动静，从人群、车辆的声音或是汽车的动力系统本身所发出的微弱声响来判断信号灯是否变了，以及是否可以安全无虞地穿过马路了。确定安全之后，人类主人发出了"前进"的命令，这时，导盲犬必须要判断服从这一命令是否安全。恰在此时，一个送信的人骑着自行车突然从拐角冲了出来！导盲犬没有理会主人的命令，更确切地说是推翻了这一命令，它站在原地没动。当可以安全穿过马路的时候，信号灯恐怕已经又变过一轮了。

接下来，我们这些对智能不服从感兴趣的人要特别注意了。戴夫

是怎样训练出导盲犬这种能力的呢？要知道，这可是被观察家称为
"犬类训练中的高等数学"。人类的培训和教育又能从中有何借鉴呢？
它的成功又有哪些"秘诀"呢？

正强化和负强化

首先我们要了解表扬的重要性。导盲犬每学会一项新技能并能够熟练地运用该技能时，我们都要由衷地表扬它，轻柔地抚摸它的头并说出"好样的"之类的话。给予导盲犬应得的表扬，这是建立信心和信任的基础。

但是，要想让导盲犬像人眼一样可靠，并能做出各种必要的行为，单纯的表扬是远远不够的。它们没有犯错误的余地。如果导盲犬偶尔还会站在一辆迎面而来的汽车前方，那么它就不是一只合格的导盲犬，因为风险太大了。为了确保训练万无一失，训练师还必须要用到一套辅助工具。这里所说的"万无一失"，远远超出我们大多数人的想象。

除了导盲鞍和拉杆之外，导盲犬和训练师（或主人）之间还可以通过牵引带进行清晰的双向交流。当导盲犬犯错的时候，训练师（或主人）可以用牵引带来纠正它的错误。训练师（或主人）可以牢牢拉住牵引带，同时发出"嗨咿"的声音来纠正导盲犬的错误。（"嗨咿"听起来就像打哈欠的声音，通常用来表示厌恶，但用在这里是因为它很独特，而"不"在人类交流中使用得太过频繁，反倒会让导盲犬感到混乱。）除了正强化和负强化之外，还有别的吗？不管我们是否持之以恒地使用过正强化和负强化，我们都知道它们会对狗的行为方式产生什么影响，但仅此而已吗？

吉姆跟我说，在智能不服从的训练中并没有什么"秘诀"，但我认为至少有那么几条重要原则算得上是"秘诀"。戴夫跟我分享了正强化和负强化的具体使用方法，这些方法就能让导盲犬训练更加有效。

如果狗做得不对了，你就用"嗨咿"来纠正它，并把它带回原地重新来过，这样它就有机会纠正错误。如果它做得很好，你就要给它应得的表扬。事实上，最重要的一点是，你要给它三次重来的机会。如果它还是做不好，你在那一天就要停止对该行为的训练，这一点同样非常重要。否则的话，狗就会对这件事产生畏惧，就再也无法成为导盲犬了。每个教育工作者、培训师、教练或经理都要牢记这一点，那就是，无论什么事情，总要给学员或下属三次机会，让他们把事情做好。我们的目的是培养他们的能力，而不是制造失败和恐惧。

狗也必须要体验一下服从不当命令的后果。莫里斯镇的火车站站台很矮，可能只比轨道高出一只脚的距离，只有一小段站台提升了高度，以便坐轮椅的乘客可以通过升降机上车。如果戴夫正在站台上训练一只导盲犬，而它听从了一个不该听从的"前进"命令，那么戴夫就会假装摔下低矮的站台边缘，并发出痛苦的叫声，而且会拉着狗和他一起倒下。戴夫和狗都不会受伤，但戴夫和狗都不会开心。现在，这只狗就算体验过了在服从不当命令之后，它和它的人类主人会有什么后果。

训练导盲犬过马路也可以用这个方法。另一个训练师开着一辆车从拐角处开过来。如果导盲犬听从了戴夫的"前进"命令,汽车就会轻轻地从他身边擦过。戴夫就会夸张地倒地、呻吟,并且拉着导盲犬和他一起倒下。戴夫和导盲犬都不会受伤,但戴夫和狗都不会开心。

让我感兴趣的地方在于,为了探讨服从和不服从的课题,这里又一次通过演员的表演来展示后果。米尔格拉姆就是用演员来激发受试者的反应并对其进行研究的。戴夫则通过自己的表演来塑造导盲犬的行为模式。机组资源管理培训也是通过情景模拟来提高副驾驶的辨别力和决断力的。从上述事例中我们可以发现一个共同点:在智能不服从的训练中,进行情景模拟和实战演练非常必要。

导盲犬的模拟演练会越来越复杂。戴夫和训练师们设计了"箱子陷阱"的训练项目。他们在导盲犬常走的路上设置了木板、栅栏、水桶等障碍。由于听从了"前进"的命令,导盲犬和它的人类主人意外地掉进了一个箱子里。这就得靠看得见的导盲犬来解决问题了。这时候,单单不服从是远远不够的。

把盲人的幸福托付给导盲犬的前提是它们能够并愿意解决问题,并且不单是为自己,还要为整个团队——人和狗——解决问题。如果导盲犬越过了障碍,这对它自己来说当然很好,但对盲人来说却是一个需要用"嗨咿"来纠正的动作,训练师可以给它三次机会,让它学会对整个团队的安全负起责任。如果想要培养人类的智能不服从的能力,我们也可以使用类似的方法。

在摆脱困境之前,导盲犬在这些障碍和危险前犹豫不决也是不可接受的。这种犹豫不决可能表现为长时间的嗅和抓。虽然在意外情况下，这种本能行为能抚平它自己的焦虑，但却对整个团队所面临的问题于事无补。在动物训练中，我们把这种行为称作"转位行为"（displacement behavior）。对人类来说，这就是所谓的拖延时间。需要做出一个艰难的抉择，还是先让我们喝杯咖啡休息一下或是先查看一下邮件吧。认识到"转位行为"是在拖延时间，这对智能不服从训练同样很重要。

当副驾驶不确定是该等待进一步指示，还是该提醒粗暴的航空调度员飞机因为油量不足而非常危险时，他就会转而去复查其他设备。1990年，纽约市上空的哥伦比亚航空（Avianca）52号班机空难就是这样发生的。这种做法或许能帮他缓解焦虑，但也耽误了时间。他关注的焦点本该放在立即获得着陆许可上，这样才能避免坠机以及由此导致的73人死亡。大多数人都存在"转位行为"，但因为平民百姓所做的决定通常无关痛痒，所以我们不会注意到这一现象。但像飞行员、消防员、战士或急诊室工作人员一样，导盲犬可没有这样的好运气。对导盲犬来说，"转位行为"必须被严格制止。

接下来，训练师会带着导盲犬反复进行"箱子陷阱"的训练项目，不断使用"表扬""纠正"和"给三次机会"的方法来训练它，直到它明白自己应该做什么，并带着它的人类主人走出箱子。

安全走出箱子之后，团队的领导权就重新回到了人类主人的手里。变换领导者和追随者的角色，在危险过去之后把领导权重新交到人类手里，这是在恰当服从和合理抗命之间自如切换的一种智慧，也是人类"领导者——追随者"关系的一个重要课题。

当导盲犬能够自信应对这种状况之后，训练师会进一步增加难度。模拟演练被安排在晚上，加入闪烁的灯光和嘈杂的街市声。虽然导盲犬已经知道有意避开"箱子陷阱"，但这次的箱子却没那么明显。一旦掉进了箱子里，导盲犬必须更加集中注意力才能找到出去的方法。不断增加模拟演练的难度，以传授智能不服从的智慧，这种方法对人类同样适用。

戴夫和吉姆提到另一个插曲，我认为它跟我们的研究目标有契合之处。一开始，导盲犬能否做出训练师所期待的行为，完全取决于它所受到的表扬和矫正。这跟人类成长早期的道德推理和道德行为非常相似，这一时期的儿童主要是为了规避惩罚和寻求满足而行事。

在某一时刻，导盲犬会超越这一阶段，开始对人类的安全以及威胁到人类安全的风险有一种强烈的责任意识，对人类产生强烈的信任甚至是爱。要完成这样的转变并没有什么方法可以照搬，它是由天长日久的互相尊重、彼此关爱所形成的一种情感纽带。我敢说这是另一个重要的"秘诀"。人类主人照顾着导盲犬的日常生活，每天喂食、喂水、梳理、清洁、锻炼，由衷地赞扬，喜爱，陪伴。导盲犬渐渐形成了一种认识：它一生的工作就是照顾这个可爱的人类。正如吉姆·库施所说，他（她）是它的责任。

也许我扯得太远了，但导盲犬似乎确实像人类的成长一样，由低级的道德推理能力发展出了高级的道德推理能力。它们不再专注于规避惩罚、赢得赞美，而是专注于人类伙伴的安全。即使没有明确的指示，它们也会这么做。导盲犬挺身而出把人类伙伴从危险中救出来的故事数不胜数。任何一种相互尊重、彼此关爱的关系——爱人如己甚至爱他人胜于爱自己——都会结出这样的果实。

在服务犬的训练中，这同样是至理。除了导盲犬以外，还有很多其他类型的服务犬。不同的学校和不同的训练师专注于不同的领域，如助听犬、介助犬等。莉迪亚·韦德（Lydia Wade）是非营利组织"蓝背援助犬"的创始人。她训练的服务犬可以帮助那些行动不便的人，或是患有糖尿病、癫痫等易于突然发作或陷入昏迷的疾病的人。莉迪亚讲了很多关于她训练和安置过的服务犬的故事。当人们出现昏迷的迹象或是癫痫即将发作的时候，服务犬成功地阻止了他们下楼。它们简直是用身体堵住了人类主人的道路。这是一种积极主动的不服从，它们不但没有服从危险的命令，而且用身体制止了人类以保护他们不受伤害。莉迪亚同样观察到，人和狗之间不仅形成了坚固的情感纽带，而且每只狗都找到了自己的预警方式，甚至挺身而出阻止伤害。

权威的反应

当然，智能不服从的训练效果部分取决于权威人士在遭遇抵制之后的反应。这是又一个"秘诀"！

导盲犬学校的联合创始人莫里斯·弗兰克（Morris Frank）和接下来的一些人讲述了几个完全不同的故事。故事中的人类主人们没有重视导盲犬的警告，更没有在进一步采取行动之前查探潜在的危险。义无反顾的导盲犬遭受了重击，更糟糕的是，这种重击就来自导盲犬正在防范的对象。

既然运用智能不服从会导致不同的结果，那么为什么导盲犬的警告往往无法引起人们的注意呢？这是个急需探究的问题。

从一种情境转换到另一种情境时，我们都是在凭着既有的"心智地图"（mental maps，我们对情境的固有认知）行事。"心智地图"并不取决于我们的真实所见，而是我们的主观创造物，它能帮助我们在任何情况下从可能的方案中做出选择。一旦形成了"心智地图"，我们就很难再意识到它可能是错误的，也很难再去设想别的方案。这和使用没有及时标明海底变化情况的海洋导航图或没有标明最新道路封闭情况的卫星导航仪一样危险。我们认为"心智地图"可能存在盲点，但其实更糟，它是现实的虚假图像。这就是为什么我们在"创意解难"（creative problem solving）或是"头脑风暴"（brainstorming）中会尽量搁置判断，直到设想过所有的情形并得到合理的应对方案为止。我们最初所认为的情形可能完全不对，我们最初所设想的应对方案可能比我们能够想到的其他方案差了一大截。

无论领导者是真正的失明还是比喻意义上的失明，他们都需要时刻留意下属的智能不服从，并对其做出积极的回应。为什么一只忠诚的狗、一个忠实的助理或是一个广受好评的雇员会拒绝服从命令呢？贝蒂·文森本来表明了自己的立场，并拒绝修改世通公司的月度财报。这原本应该是智能不服从，但她的上司们却需要借着本能的道德冲动或是接受一系列训练之后，才能重视她的拒绝，让她的立场影响自己。正确的反应本来应该是这样的：如果这个忠实可靠的雇员拒绝服从命令的话，那么我们恐怕不能急着采取进一步行动，而是要考虑替代方案了。

只有这样才可能避免灾难。

吉姆·库施说，如果人类主人没有彻底失明的话，也可能严重阻碍导盲犬习得熟练的业务。寄宿在导盲犬学校的大多数人是完全失明的盲人，他们在这里接受培训，以便和各自的导盲犬合作无间。其中的少数人虽然是法定意义上的盲人，但仍留有一定的视力。后一个群体倾向于用他们有限的视力来识别障碍、避开障碍。导盲犬很快会意识到，这个人并没有依靠它来识别障碍、避开障碍。早晚有那么一天，这个团队出去散步，其时暮色四合，主人那残存的视力不管用了，他（她）没看清一根低矮的树枝，于是撞了上去。他（她）迁怒于导盲犬没有引导他（她）远离危险，却没意识到正是他（她）让导盲犬认为没必要这样做。吉姆建议那些拥有部分视力的盲人，用这"光明的礼物"去欣赏周围尚能看得见的美景，而把引路的任务交给导盲犬。这需要自我意识和自我约束。

但愿所有正在阅读本书的组织领导者都已经注意到了上面这一点。如果你的职员想当然地认为你也发现了他们所看到的陷阱，那么他们就不会养成提醒你留意他们观察所得的习惯。我们在前面的章节已经看到过，在引入机组资源管理培训之前，航空业中那种不正常的互动方式所造成的悲剧后果。

吉姆·库施、戴夫·约翰逊和我围坐在吉姆的会议桌边，讨论智能不服从的意义。我提议说可以考虑把导盲犬训练的经验用于人的培训，尤其是对年轻人而言。轮到戴夫说话的时候，他变得严肃起来。

戴夫和他老婆认为，让14岁的儿子去加拿大户外露营，可以学到一些生活技能和经验，这对他有好处。他们征得了儿子的同意，正准备提交露营申请并缴费。碰巧那天戴夫在报纸上看到，宾夕法尼亚州立大学有名的助理足球教练杰里·桑塔斯基（Jerry Sandusky）因为多项儿童性骚扰指控而被逮捕。戴夫坦诚地对妻子说出了他的担忧："我们怎么能把儿子送到一个偏远的地方，交给陌生人照料呢？而且还是三周的时间！"

这让戴夫很苦恼，但他是一个勇敢的人，他知道我们无法逃避生活——麻烦总会从不知道什么地方骤然降临，包括那些你自以为熟知的人，比如杰里·桑塔斯基。

　　戴夫的儿子马上就要去露营了，戴夫认为有必要坐下来跟他直接谈谈如何从容应对一些意外状况。这些状况可能源自其他营员或是辅导员，包括毒品、酒精、吸烟或性骚扰等。这场有益的谈话能让他儿子做好心理准备：遇到意外状况时要听从自己的不安感，清楚自己的价值观，坚持自己的立场，不管别人是怎么做的。同时，戴夫知道自己必须小心地警告儿子这样做可能存在危险，但又不能吓到他。在对导盲犬进行智能不服从的训练时，戴夫用的是同样的方法。

　　我非常认同戴夫的良好意愿，他跟儿子进行了一场艰难的谈话，同时还敏锐地注意到了谈话本身所具有的风险。但我也要指出，临行前一晚的匆匆谈话，不见得就能让他儿子在意外状况下采取正确行动。戴夫不想吓唬他儿子，我更不想吓唬戴夫，但我还是要说，在深夜11点谈一次话，就像只给导盲犬上了一堂课，就指望它从此在压力之下能有什么好的表现一样。

　　我委婉地问戴夫，他是否设想过这样一种情形：我们的社会把这些训练活动编进学校课程，以此培养不同年龄段的学生使用智能不服从的能力。谈话间，我们三个人都没能构想出一幅如何实现这一目标的蓝图，但我依然感激他们愿意和我一起思考狗类智能不服从和人类智能不服从之间的联系。

　　对我们的谈话经过一番思考之后，我准备把在导盲犬学校学到的东西和本书前面提及的材料整合在一起。下面是两个有望融为一体的重要主题：

　　第一个主题是回顾斯坦利·米尔格拉姆的实验。米尔格拉姆想强调的是社会情境的作用，他并没有试着找出哪种性格类型更可能抵制有害命令，也没有推导哪种训练方式更可能培养出反抗的能力。米尔格拉姆在基础实验和所有的变量实验中关注的是社会情境这一要素。他发现，正是社会情境的构建方式增强或减弱了人们抵抗不当命令的可能性。我们看到了影响服从的变量有"与权威的距离""权威之间是否有冲突""是否有同伴一起反抗"等。这些经验都非常重要。我们也看到了，改变这些变量可以有效减少对有害命令的服从，使服从人数从三分之二下降到十分之一以下。我们在筹划行动时也要牢记这些经验，不要导致权力误用。

第二个主题是练习的作用。它贯穿于我们研究过的所有案例之中，比如部长让干事大声说"领导，这是一派胡言"，从而使他不惧压力，比如机组资源管理培训要求大家用肯定的语气回应命令，比如现代护理训练要求护士直言不讳，从而使医生减少失误，再比如导盲犬训练。吉姆·库施清楚地指出，正是反复练习和及时表扬确保了导盲犬能在特定情况下正确地服从或不服从。

幸运的是，这两个主题不是互相排斥而是互相补充的。这一点真是振奋人心。两者的融合有可能创造出某种文化，这种文化能够更好地区分恰当的服从和不恰当的服从。

让我们总结一下从导盲犬训练中获得的经验，这些经验可以用于培养人类的智能不服从：

1. 精心设计的培训和练习可以让智能不服从得到发展。

2. 为智能不服从训练设计简单的模拟场景，并逐渐增加模拟场景的难度。

3. 在训练中，及时的表扬能够强化受训对象的智能不服从。

4. 如果受训对象在模拟演练中没有展现出智能不服从的能力，就让他（她）体验一下团队可能面临的有害后果。

5. 如果受训对象没有在应该的时候实施智能不服从，那么就重新开始这一模拟场景的练习，为他（她）建立自信。

6. 在某一场景中，允许受训对象有三次机会来习得正确的反应。如果受训对象在三次之后仍然做不好，那么就要停止当天的练习，以后再找时间。

7. 除了不要让受训对象服从错误的、危险的命令外，还要锻炼他们帮领导者脱离危险的能力。

8. 设计更复杂的模拟场景，在这些场景里，受训对象不仅要能实施智能不服从，而且要能创造性地提出替代方案来满足权威人士的需要。

9. 脱离危险之后，追随者要把领导权重新交到法定的权威人士手里。

10. 让受训对象在他（她）自认为能够应付的场景里扮演领导者的角色。让追随者实施一种与他（她）的理解完全不同的智能不服从。询问这个扮演领导者的受训对象，他（她）将来会怎么做以给予不服从的追随者更多的尊重。

这对每一位参与者——模拟场景的设计者、辅导员、各类角色的扮演者以及评定训练效果的人——来说都是一次很好的学习经历。这项训练旨在为不同文化背景、不同年龄段的人提供一些体验和学习的机会，让他们具备智能不服从的意识，掌握智能不服从的技能。

第 8 章

盲目服从的代价

残酷只是微弱地与执行者的个性相关，而实际上却非常紧密地与权威和下属的关系，与我们正常的、每天都碰到的权力与服从的结构相关。

——齐格蒙特·鲍曼（Zygmunt Bauman）

"好孩子"的噩梦

不幸的是，在我们的教育系统中，几乎没有关于智能不服从方面的培训。下面我们将会探讨，这一教育缺失造成了多么严重的盲目服从。首先让我们来看一下，如果我们的子女缺少这方面的教育，会有多么可怕的后果。我想提醒你的是，下面的内容可能让你触目惊心。

2004年，18岁的女孩露易丝·奥格伯恩（Louise Ogborn）到肯塔基州芒特华盛顿的一家快餐店打工。芒特华盛顿是美国的一个小镇，我们通常把这种小镇看成美国传统价值观的绝佳代表。她是一个好孩子，没在学校惹过什么麻烦，更没有违法乱纪的前科。4月9日这天，她18年来的乖巧和听话反倒害了她，给她留下了无法抹去的心理创伤。

那天晚上，在店里值班的是51岁的经理助理唐娜·简·萨默斯（Donna Jean Summers），她接到了一个自称是斯科特（Scott）警官的人打来的电话。"斯科特警官"跟她说，一个顾客指控他们的一个女店员偷了自己的钱包。"斯科特"给出的描述跟露易丝·奥格伯恩很像。

"斯科特"对萨默斯说，露易丝需要被搜身。他给出了两个选择：一是逮捕露易丝，将她带回警察局搜身；二是可以在店里搜身，但萨默斯需要按他的指示做。"斯科特"还说，萨默斯的上司已经同意了这次行动。萨默斯认为在餐厅完成搜身似乎更好一些，而且显得更加人性化。在"斯科特"的指示下，她把露易丝带到餐厅后面的储藏室里，锁好了门，然后让露易丝把衣服一件一件脱下来，这样就能抖动衣服看是否藏有赃物，而抖过的衣服可以放进另一边的袋子里。露易丝照做了，很快就一丝不挂，她伤心欲绝，大哭不止。

接下来发生的事情让人难以想象。萨默斯按照"斯科特"的电话指示仔仔细细搜了一个小时。"斯科特"说他会尽快赶到餐厅去收走衣物。那时正是晚餐时间，餐厅非常忙碌，萨默斯必须要回去工作了。"斯科特"说露易丝还需要被扣留一段时间，于是询问萨默斯是否能让她丈夫过来帮忙继续看守。萨默斯打电话让她的男友小韦斯·尼克斯（"Wes" Nix Jr.）过来帮忙，说这边有点儿情况。韦斯·尼克斯照做了，他按照"斯科特"越来越过分的命令，又虐待了露易丝两个小时。一开始，"斯科特"让尼克斯监督全裸的露易丝做开合跳来看是否有东西掉下来，而他之后命令尼克斯做的事，明显就是性侵犯。露易丝哭着恳求他们让她离开，但她依然对羞辱性的命令照做不误。当萨默斯抽空来查看情况的时候，"斯科特"指示尼克斯说，让露易丝在她自己身上盖一条小围裙。

直到"斯科特"要求让另一个男人来代替尼克斯的时候，他们对露易丝的虐待才终止了。萨默斯叫了托马斯·西姆斯（Thomas Simms）来帮忙，他58岁了，是在餐厅干杂活的维修工。"斯科特"

对西姆斯说，让露易丝脱掉围裙，并描述她的样子。西姆斯虽然9年级就辍学了，但他没有奉命行事，因为"这件事看起来不太对头"。直到这时候，也就是4个小时之后，萨默斯才意识到事情不对头，并赶快告知了对此一无所知的经理。显然是羞愧于自己轻信了骗子，萨默斯让精神已经崩溃的露易丝穿上衣服离开了储藏室。很明显，"斯科特"根本不是什么警察。他非常精通警察说话的口气和方式，而且非常熟悉当地的情况，这都让他变得很可信。这件事中有太多的不应该（比我在这里提到的要多得多，甚至我都不想进一步细说这个真实但骇人听闻的故事），以至于我们很难相信它是真的。我之所以认为有必要讲这个故事，是因为以下两点：

第一，露易丝受虐的场景被储藏室里的监控器全程记录了下来。整个过程被如实记录，所有细节一览无余。这就好比是坠机事故中的"黑匣子"，只不过多了录像画面而已。

第二，这个打电话的人曾在30多个州的70家目标餐厅（大多数是快餐厅）得手。调查发现，他打电话联系过的很多餐厅经理都拒绝了服从他的命令，就像米尔格拉姆实验所证明的那样，当远在别处的权威人士通过电话发布命令时，我们就会怀疑命令的合法性。然而，依然有70家餐厅的雇员仅凭电话那头一个自称是警官的声音，就乖乖听命了。和米尔格拉姆实验不同的是，这个罪犯甚至不需要穿一件象征权威的制服，就能让大家乖乖听话。服从命令的雇员对同事的虐待各不相同，但都具有羞辱性且极端无礼，而且，多发生在美国小镇。

我们不禁再次要问，这么盲目的服从究竟是怎么发生的？我们又能为此做些什么呢？

让我们先从经理助理唐娜·简·萨默斯说起吧。她的情况充满争议。她到底是受害者还是行凶者呢？这是关于服从研究的经典问题，在纽伦堡审判、世通案和其他案例中都曾讨论过这一问题。由于萨默斯被指控"非法监禁"，出于自我保护，她的证词和口头陈述都非常谨慎。这样一来，我们就无法确凿地看出她的心境。不过，据说她此前曾因为另外一件事受到了经理的处分，这可能强化了她愿意配合"由经理批准的调查"的倾向。当然，这只是我们的一种猜测。

从监控录像里我们可以看到，她在脱衣搜身的过程中还不时安慰露易丝·奥格伯恩。就像米尔格拉姆实验里的受试者一样，她并不喜欢服从这些命令。她盲目服从了所谓的权威，而罔顾自己所造成的伤害。按此标准（这是我们必须使用的标准），她就是行凶者的代理人，因而也是这起骇人案件中的共犯。

我们还知道，在尼克斯介入之前，一个名叫杰森·布拉德利（Jason Bradlee）的27岁男雇员也被要求协助萨默斯执行电话指示。布拉德利说了句"真是胡扯"，然后拒绝了。这一点值得引起注意，理由如下：

第一，像阿布格莱布监狱那名拒绝听命使用更残酷审讯手段的士兵一样，布拉德利让自己远离了恶行，但却没有制止恶行。他走出了储藏室，但并没有报告警察。撇去他的智能不服从不谈，权威的力量和社会背景可能限制了他做出更道德的决定。少数族裔的年轻男性向年长的白人女主管发出警示是一回事，而违抗暴虐的命令则是另外一回事。

之所以说布拉德利拒绝听命于"斯科特"这件事具有借鉴意义，

原因之二在于，它说明另一个人的抗命还不足以打破萨默斯对权威的盲从。也许这是因为布拉德利只是肯塔基州乡下的一个黑人，而且还很年轻；也许萨默斯就像米尔格拉姆实验里的许多受试者一样，在另一个人拒绝继续实验后仍然会实施电击，但在另两个人拒绝继续实验后就会收手。

紧随其后的是各方之间的诉讼和反诉讼。有人认为萨默斯是受害者，有人则认为她是行凶者，事实上她两者都是。虽然起诉人建议判刑要重一些，但她仅以"非法监禁"的罪名被判处一年缓刑。这算是宽大处理了，但毕竟在她的职业生涯中留下了不可磨灭的污点。她转而控告餐厅没有告知她其他分店接到过多起冒牌警官电话的事实。她因为这一令人煎熬的经历得到了数十万美元的赔偿。无辜的受害人露易丝则得到了数百万美元的赔偿，我们稍后会再说回她。

萨默斯42岁的男友尼克斯起初的表现与米尔格拉姆实验中盲从权威的角色非常契合。在两个多小时里，他执行着"斯科特"的命令。然而，他的行为慢慢变成了另一个著名的行为实验所证实的行为。该实验由菲利普·津巴多博士在斯坦福大学完成，因而被称为斯坦福监狱实验。津巴多在本书的推荐序中对此有过描述。让我们简短回顾一下。在该项实验中，受试者被分为两组——"狱卒"和"犯人"。仅仅过了6天之后，"狱卒"就变得非常暴戾，并对"犯人"实施了肉体虐待。出于道德考虑，实验最后被终止了。

令人痛心的是，尼克斯恶化成残暴的看守只用了几个小时而不是几天，而且没有实验人员来阻止他。"斯科特"虐待全裸的露易丝的命令越来越恶劣，甚至包括变态的性侮辱。尼克斯被追究刑事责任，并被判处5年有期徒刑。如果他是唯一盲从"斯科特警官"的不当命令到了如此地步的人，我们反倒可以把他看成是一个反常的个案。在以往的盲从案例中，我们通常都这么干，因为把过分的盲从当成心理失常能让人更舒服些。然而，根据刊登在2004年《路易斯维尔信使报》（*Louisville Courier-Journal*）上的一篇文章，几乎所有70个记录在案的餐厅经理都进行了脱衣搜身。至少还有13个执行搜身的人被控有罪，截至那篇文章成稿之时，有7人被判刑。遗憾的是，这并不是反常的个案，而是盲目服从这一现象的又一例证。

所谓的"斯科特警官"又是什么情况呢？人们花了很长时间才把大量零碎的事实拼凑成了一个完整的事件，因为有些餐厅由于害怕负面报道而没有上报此事。一些警务部门在把该案件写成报告后，不知道该把它归档到哪一类。他们甚至不确定打电话的人是否犯下了可提起诉讼的罪行。他犯了什么罪呢？他只是打电话给餐厅经理，口头上命令他们做出变态的行为，他并没有强迫他们，而他们竟然服从了。他犯下的最确凿的罪行就是冒充警官，虽然他并没有用到任何假冒的制服、徽章或其他身份证明。

最终，几个州的执法机构通过协同侦查，从其中几个案件中使用的电话卡追踪到了生活在佛罗里达州的38岁男子戴维·R.斯图尔特（David R. Stewart），这些电话卡就是他在当地买的。斯图尔特坚称自己是清白的，但警察找到了定罪证据，例如其中有一张电话卡是打给位于爱达荷福尔斯市的一家餐厅的，恰在当天，这家餐厅的经理接到了假冒警察的电话命令。斯图尔特是美国矫正公司（Corrections Corporation of America）的一名保安主管，这是一家私营监狱公司。

被确认为嫌疑犯的时候，他正在海湾监狱做夜班看守。如果说斯图尔特是斯坦福监狱实验中的施暴者的话，那他也是一个很特别的案例。然而，由于他的罪行是通过电话交谈实施的，我们很难将其归类并把该罪名在法律条文上一以贯之。传闻他因罪获刑两年半，但事实并非如此。和尼克斯不同，他在庭审中因证据不足而被无罪释放。尼克斯和斯图尔特的不同命运再一次警示我们，在本该拒绝时却选择服从是多么可悲。

我们把话题转到露易丝·奥格伯恩身上，她是该案件中无可争议的受害者。她所遭受的屈辱和痛苦在监控录像中一览无余。为什么露易丝成了受害者？我们并不是想以任何方式将对行凶者的指责转移到露易丝身上，我们只是有必要探讨一下她的服从行为本身，以及我们的文化是怎样驱使我们大多数人极易盲从的。

你为什么那么听话

在事后的一次电视访谈中,露易丝·奥格伯恩被问道,她为什么要听从萨默斯和尼克斯从"斯科特警官"那里听来的命令?她的回答几乎让人心碎。那些最关心她的人反而成了她遭受折磨的罪魁祸首。

"我父母教导我说,大人让你做什么,你不要反驳。如果有人训导你,你就听着。"

这是所有的父母未曾意识到的陷阱:教育孩子们要听所有大人的话,就像尊重他们自己的父母一样;教育他们要尊重人、懂礼貌,要乖巧。通常来说,这些建议是善意而贴心的,因为成年人被认为更博学、更智慧,而且他们维护着社会秩序。但有时候成年人可能是专对孩子下手的牧师,是猥亵他们的教练,是性侵他们的亲戚,是用胶带把他们绑在椅子上的老师,是在储物间让他们脱光衣服的主管。

"我父母教导我说,大人让你做什么,你不要反驳。"

你不要反驳,你要压制自己的声音,你没有权利严词拒绝。

"如果有人训导你,你就听着。"

露易丝的家人错得太离谱了。如果某个命令让你身体上和心理上越来越不舒服，那你就是过度服从了。

当然，露易丝的父母不会预料到，正是他们严禁女儿顶嘴的教育为女儿带来了这样一场噩梦。家长总是告诫孩子不要跟陌生人走，但几乎从未提醒他们要警惕来自一家之主或是社区权威的命令。

露易丝已经18岁了，即将高中毕业。她不再是一个小孩子了，她的父母早就该结合相关的情境对她进行正确的教育，但显然他们没有。露易丝在证词中说："我很害怕，因为他们更具权威。"

如我们所见，对更高权威的畏惧不只存在于儿童或青少年中，它无处不在并且会带来严重的后果。但是这种畏惧是怎么产生的？又是为了什么呢？

进化遗传学认为，服从权威是人类的生存特性之一。人类能够组织起成千上万的人一致行动，从而达成小规模人群无法企及的成就。国家得以招募和部署庞大的军队，形成集团化的军事优势和军事保护。但这也有不利的一面，几百万人也可能会一致拥戴那个带领他们走向毁灭的狂妄分子。人类经历过两次世界大战所带来的恐怖之后，像米尔格拉姆和津巴多这样的研究者就试图探讨究竟是怎样的行为特性导致了如此广泛的盲目服从。他们证明了，当人们被放置在一味鼓吹服从的环境中时，盲目服从就会发生在大多数人身上，而不是少数人身上。

即使是在遗传学领域，基因也不应该被看作是影响行为的唯一因素。环境因素决定着哪些基因会被激活、哪些基因会保持休眠。那么，是哪些环境因素让露易丝在面对权威的暴虐时选择了服从呢？除了她的家庭以外，又是谁把"服从成年人是第一要务"印刻在她脑海中的呢？在她成长的过程中，又是哪些环境因素强化了这种教导呢？在她本该走向成人阶段的时候，又是哪些环境因素让这些童年时的规矩被如此顽固地保留了下来呢？

如果我们想要直击问题根源的话，研究上述问题就非常必要。倘若我们不能找到一种有效的教育办法，无法使年轻人对所有的命令进行理智的道德判断并坚持自己的判断，那么我们就只能寄希望于用士兵、乘务员、会计和护士的职业道德来进行微薄的补救。也许你是已经参加工作的成年人，你读这本书只是因为它对你的工作有用。但是请你记住，如果你将来为人父母（也许现在就是），或者你很关心亲戚家的小孩，那么你读这本书同样大有益处。我们必须懂得如何培养那些将来在政界或商界被委以重任的公民。

在各种社会和各个时代，相关的环境因素都各不相同。在传统社会中，整个部落或村庄的人都会教导年轻人遵守部落或村庄的生活规范，这就是年轻人完成社会化的主要方式。在农业社会中，年轻人在播种和收获季节，跟长辈们并肩劳动数月，在此期间他们获得了成长。在有军国主义倾向的社会中，孩子们很小的时候就会被教授各种战斗技巧，而且这些训练会长期持续下去。但事实上，在各种社会里都存在一些强化服从的环境因素。我们只有准确识别出我们自身文化中的这些因素，才能顺利地引入一些平衡因素，在米尔格拉姆实验中，正是这些平衡因素极大地改变了盲从的比例。

与露易丝·奥格伯恩相关的环境因素有三个：教会、女童军团和学校。教会和女童军团的教育无疑强化了露易丝服从权威的倾向。但与在学校（普遍存在于当代社会的教育机构）度过的时间相比，露易丝在教会和女童军团中待的时间很短。从四五岁甚至更小的时候起，我们的孩子除了往返于家庭和学校之间外，就是在一些公共场所、私人场所或教区附属学校度过他们大部分的白天时光，直至长到和露易丝差不多的年纪。学校本该教会学生独立思考并形成自己的观点，为什么反倒成了强化他们盲从惯性的场所呢？

"精致"的课堂管理技术

芒特华盛顿位于肯塔基州的布里特郡。《2011—2102年布里特郡公立学校学生行为规范守则》（*Bullitt County Public Schools Code of Student Behavior and Discipline, 2011－2102*）第5页写道：

学生有义务服从教育委员会或学校管理层制定的规章制度，只可要求对其进行解释说明，不可对其持有异议。

要知书达礼，乐意接受应得的惩罚，不得提出不合理的要求，不得提出不诚实的控告。

我有理由相信，类似这样的语句也曾出现在2003年版的《守则》里。我们不清楚露易丝·奥格伯恩是否被要求阅读过这一《守则》，或者在她读过之后，这一《守则》是否直接影响到了她的思想和行为。但这确实能让我们深入了解布里特郡的教育文化，它强调学生要绝对服从，不得与权威进行争论，只要是权威实施的惩罚，学生就要乖乖接受，甚至隐蔽地警告说指控权威可能会被认为是作伪证。我无意单独针对布里特郡，只是将其当作整个国家的教育系统的典型代表来讨论。一名刚从"美国教育行动"（Teach for America）项目中毕业的学生在听说了露易丝的故事后，发现布里特郡的政策并非特例，他说在他熟悉的其他地区，教育系统对权威的强调有过之而无不及。

让我吃惊的是，露易丝的案件发生之后，官方并未敏锐地做出反应，上述语句直到2010年时仍未被修改。当然，我们对布里特郡教育委员会在制定学生行为规范时所使用的严厉措辞不得不抱有一定的同情。因为每个老师或是老师的亲朋好友都知道，只有在课堂上管好学生才被认为是称职的，反之就只能趁早走人。一个曾经当过老师的人很精辟地解释了自己转行成宴会特邀主厨的原因："因为食材不会顶嘴。"想想我们之前提到的那位老师吧，她不得不用胶带把行为不端的学生捆在椅子上，这该是何等的绝望！

两套课堂管理方法

在研究关于"领导和追随"课题的20年间，我认识了很多朋友，其中一位名叫马蒂·克罗夫茨（Marty Krovetz）。马蒂富有思想，谈吐文雅，当了14年的高中校长。他出版过3本关于教育方面的著作，其中两本分别是《教师协同领导：教师如何促进校园公平》（*Collaborative Teacher Leadership: How Teachers Can Foster Equitable Schools*，2006年出版，与吉尔伯托·阿里萨【Gilberto Arriaza】合著）和《强大的伙伴：校长指导副校长开展工作的实用手册》（*Powerful Partnerships: A Handbook for Principals Mentoring Assistant*

Principals，2008 年出版，与加里·布鲁姆【Gary Bloom】合著）。在
这两本书中，马蒂都用了一整章的篇幅来讨论"勇敢的追随"。在后
一本书中，"勇敢的追随"意味着副校长一方面要热情地支持校长的
工作，另一方面，当校长的盲目决策无益于实现学校的教学任务时，
副校长要敢于直言不讳。在此，我要感谢马蒂把我的研究成果跟他的
工作内容进行了结合。

多年来，我和马蒂进行过数次有益的谈话。为了向中学生介绍
"勇敢的追随"的理念，我们共同发起了一个试点项目。学生们意识
到，和同一学区内那些以本地生源为主的学校相比，他们的学校（以
移民生源为主）在科技资源方面严重不足。在老师的指导下，他们自
发组建起不同的小组，每一个小组以某一项特定任务开展活动，以缩
小自己学校与其他学校在科技资源方面的差距。

就像参与维权活动一样，他们共同经历了挫折和成功，并对"勇
敢的追随"的原则有了更好的理解。

由于我们相识已久，我向马蒂请教他在学校教授智能不服从的
经验。他说他没什么经验和方法可分享的。我换了一种问法：为了
让学生更好地遵守课堂纪律所普遍采用的方法是什么。马蒂指给我
两种方法：

第一种方法是由弗雷德里克·H.琼斯博士（Dr. Frederic H.
Jones）开发的，他的相关著作叫《教学工具》（*Tools for Teaching*）。
琼斯的图书、录像和 DVD 获得了一些有声望的教育团体和出版团体
的几个奖项。在遍及全美国的赞誉声中，有一个声音就来自杰斐逊郡
的副校监乔·伯克（Joe Burke），而杰斐逊郡正好与露易丝·奥格伯

恩的学校所在地布里特郡相邻。

"在接下来的许多年里，《教学工具》对我们的高中教育来说是至关重要的。它不仅是一个课堂管理体系，而且有助于推进我们所实施的每一个教学方案。"

第二种方法是李·坎特（Lee Canter）开发的，他的著作名为《成功教学：李·坎特的课堂管理方法》（*Lee Canter's Classroom Management for Academic Success*）。这本书的封底信息显示，李·坎特和他的团队已经用此方法培训过150多万名教师。这本书还可以配合其他资料使用，比如名为《严明纪律工作手册（K—6年级）》（*Assertive Discipline Workbook【K‑6】*）《严明纪律工作手册（7—12年级）》（*Assertive Discipline Workbook【7‑12】*）等的工具书和与之相应的各个年级的《严明纪律》（*Assertive Discipline*）录像带。

琼斯和坎特的书都很厚，至少都有300页。其中马蒂更喜欢前者。当我在通读他们两个人的著作时，我特别留意了一下马蒂为什么会更喜欢琼斯的著作。很显然，琼斯的《教学工具》一开始就给出了一系列强化课堂学习的实用策略，他认为强化课堂学习是在为良好的课堂管理打基础。而坎特的书一上来讲的就是课堂管理，他或多或少忽视了学习策略，大概是因为这本书只是他40多本教育学著作中的一本吧。

然而，在看完这两本书之后，我并没有得到跟马蒂一样的印象，我认为这两本书并没有多大的不同。它们讲的都是在课堂上管学生的方法，甚至严苛到了极细微的言行举止。我邀请读者你和我一起深入研究下这个话题，只有这样你才能发现，教育体系对服从的强调已经到了何种地步，而我们之前却知之甚少。如果你是一名任课老师的话，你可能会非常熟悉下面的内容。但在这里，我希望你能以中立的、客观的态度重新审视过度强调服从的后果。

任课老师的烦恼

稍后我会披露这些指导手册的细节内容，并探讨这些过度强调服从的手册以及其他类似的手册可能带来的影响。但在此之前，我也能体会到它们对任课老师是多么的及时和必要。让我们充分发挥想象力，来设想一下任课老师每天都要面对的真实情况。

想象你25岁了，是个老师。你之所以当老师，是因为你想培养年轻人的能力，使他们将来能过上体面的生活。你可能是"美国教育行动"项目的一员。你可能在市中心的一家学校任教，学校里有许多来自单亲家庭或寄养家庭的小孩子，或者是在艰苦的社区生活中无人照看的青少年。你也可能在郊区或乡村学校任教，学生们每天要乘坐半个多小时的公交车来上学，当他们放学回家后，他们的父母都还在上班。

想象你的班级里有30个学生，他们个性迥异：有的学生来自管教严厉的家庭；有的学生则刚好相反，他们那疲于奔命的父母虽然不停对孩子的顽劣发出"恐吓"，但从来不曾付诸实施；有的学生学会了支使他人，很混得开；有的学生躲在自己的壳里，沉默寡言；有的学生思维敏捷，容易感到无聊；有的学生则思维混乱，很容易弄错你布置的任务。

如果你教的是低年级，你通常要在教室里跟学生待上一整天或是大半天。高年级的学生每次只需要和你待上45分钟，大课教学的话就需要一个半小时。不管是哪种情况，你得确保这些情感需求、行为倾向和学习方式都不同的学生能够尽量少受干扰地从一个教学环节转入另一个教学环节，能够尽可能高效地利用时间去学习每门课程并熟练掌握相关内容。每当你停下来为某个学生答疑解惑时，教室里你留意不到的地方就会出现说话声和笑声，甚至纸团和口香糖也开始飞来飞去。

在几次三番要求学生予以配合之后，你开始失去了耐心，对那些话最多的捣乱学生进行了惩罚。但这种方法并不奏效，其中一个受罚的学生开始顶嘴。你气愤难耐，只好命令他到校长办公室去。但即使他乖乖去了，第二天还是会回到班上继续捣蛋。一直这样下去的话，他会被单独拎出来，被叫到教室外面罚站，被命令放学后留校，被要求通知父母或监护人，并且反复进出校长办公室。这个学生要么从此乖乖服从老师或校长的权威，要么将面临停课或是转学。与此同时，你班上百分之八九十的学生将从这个顶撞老师的学生身上吸取这样一个教训：想要在这儿好好待下去的话，就不要顶嘴。

我们完全能想象上述情境，也对那些面对棘手状况依然竭尽全力的老师们充满同情。如果他们不能制止或根绝学生的捣乱行为，就会影响整个班级的教学质量。老师们越来越想要通过标准化考试来证明他们的学生已经学会了相关的规定课程，而要保证教学质量的话，老师们就必须把精力用在教学上而不是疲于维护课堂秩序。这就是为什么课堂管理方法如此重要的原因。

这是些什么方法呢？

"不苟言笑" 的艺术

正如我所说的，琼斯的这套教学体系为课堂管理奠定了基础，有助于老师进行有效的课堂教学。它不仅能让班上的所有学生跟上课程进度，而且能帮助老师建立课堂自信、提高教学技能。最为重要的是，它同时能让学生最大限度地服从老师的每一个命令，这一点是我要集中讨论的。他首先谈的是课桌的摆放方式。按照他提供的摆放方式，课桌之间会有一定数量的过道和空档，这样老师就能够以最少的步数走到每一个学生身边。他发现了一个几米见方的区域，老师只要站在这个区域就能使学生更易服从自己的命令。我们应该马上就会意识到，这一点正符合米尔格拉姆的一个结论：与权威人士身体上的亲近能大幅度提升服从比例。

接下来他煞费苦心地训练老师的举止和体态，以使他们看起来"说一不二""不容置疑"。他的座右铭是：任何有效的课堂管理方法都应该自行消失。意思是说，课堂管理方法足够有效的话，学生就会完全将其内化，即便权威人士不在场也如同在场一样，或者说只要老师站在那个属于自己的区域内，就会自动触发学生的服从。

为了做到这一点，琼斯还要求老师们掌握"不苟言笑"的艺术。就是说，老师们要表现得仪态威严，说起话来要斩钉截铁，让学生意识到绝不能顶嘴或违反命令。对于如何在面对学生的挑衅行为时控制自己的应激反应，琼斯也给出了颇具建设性的训练方法，他还建议老师们要对自己的身体语言有自觉意识，要达到媲美舞蹈家、演员和世界级运动员的程度。

举例来说。老师在课堂上安排学生自己做作业，并声明不许交头接耳。在此期间，这个老师在某个学生的课桌前俯身了几秒钟，好帮其答疑解惑。此时，教室对面的另一个学生违反了课堂纪律，开始和其他人说起话来。琼斯认为，在这种情境下，老师们通常会纠结于是继续完成辅导还是停下来维持课堂纪律。但他明确指出，必须把维护课堂纪律放在首要位置，否则老师就会失去对全班的控制。

因此，琼斯建议老师们应该以尽可能简单有效的方式来表示自己"是动了真格而不是开玩笑"，从而加强课堂纪律。他告诫老师们"看见了就要采取行动，不要多想"，因为一旦犹豫是该继续辅导还是该停下来维持秩序的时候，课堂管理的优先地位就会被削弱。

琼斯写道：

当你为课堂设定规矩时，就是在为学生确立行为边界。发展心理学认为，儿童正是通过试探行为边界来确立自己对现实的看法的。如果这一边界牢不可破，儿童就不会再对其进行试探，而是把它接受为自身现实的一部分。

为了强化行为边界，琼斯建议那名俯身辅导学生的老师立即把注意力转移到教室的另一边。这位老师不能采取什么老旧的方法，而应

该表现出一种"不苟言笑"的"王者风范"。切换成"王者风范"需
要有一套精密的方法，琼斯将其分成了下面几个步骤。

对你正在辅导的学生说声"抱歉"，然后按照以下步骤，每一秒
完成一个动作：

一、站定，稳住呼吸；

二、半直起身体，看向捣乱的学生；

三、盯着捣乱的学生完全直起身来；

四、朝着捣乱的学生慢慢转动肩膀和腰部；

五、扭动髋部，朝着捣乱的学生迈出一只脚；

六、正对捣乱的学生迈出另一只脚，完成转向动作。

每一个步骤都淋漓尽致地展现了肢体语言的力量，并被广泛应用
于教师训练的实践之中。它们还配有一些补充说明，比如怎么进行眼
神交流，手应该怎么摆放，下巴应该翘到什么程度，怎么克制笑意，
等等。这样的教师形象，宛如表情阴沉的维多利亚女王在冷冷地说着
"我不高兴"。

当然，对于大多数试图违反课堂纪律的孩子来说，这已经足够让
他们脊背发凉了！他们会像见到了一条拱起身体准备攻击人的响尾蛇
一样！

随后，琼斯为上述方法精心构建了一套奖惩机制，这一机制进一
步削弱了学生违反课堂纪律的倾向。

坎特的《成功教学：李·坎特的课堂管理方法》一书更强调奖
惩机制，在书的前半部分，他有一段引述自琼斯的关于教学行为的
论述：

教学行为应该包括对学生的语言、行为方式以及参与程度的预期。超过 90% 的捣乱行为都是由于学生此前的言行不当和参与程度不高而产生的（琼斯，2000 年）。因此，你需要明确规定他们的言行方式和你所期望的参与程度。

我毫不怀疑，对于露易丝·奥格伯恩的遭遇，坎特和我们一样感到震惊。然而，他对控制学生课堂行为的强调，让人不由得想起露易丝在那起案件中所展示的根深蒂固的盲从倾向。

坎特强调，老师的命令必须明确。他举了一个例子：

模糊的命令

"全体注意。"

明确的命令

"全体注意。眼睛看着我，除了铅笔以外手里不要拿东西，而且不许讲话。"

狱警所受的训练恐怕跟上述训练一模一样吧，这么说来，"斯科特警官"（戴维·斯图尔特）作起案来是相当容易的，因为学校的老师们已经培养出露易丝乖巧地服从精确命令的习惯。每当我们在机场过安检时，都能体会到训练有素的执法人员的命令是多么精确。根据所要检查的物品的不同，他们会发出不同的命令：

"先生，请把你口袋里的东西都拿出来，抽出皮带，脱掉鞋子，把手提电脑从包里拿出来。"

"女士，在我检查你的包时，请不要触碰任何东西。"

显然，执法人员所做的一切都有正当理由，但也总是依赖于我们的服从，这同时让我们变得习惯于服从。跟琼斯一样，坎特也在自己的书里给出了许多实用方法来帮助老师们更好地完成教学工作。由于这些方法不在我们的研究范围之内，我将不再详细展开。我在意的是，这套课堂管理方法培训过150多万个老师，它营造了一种盲目服从的氛围，让权威变得更加肆意妄为，还将造成难以预料的后续影响。

"分层惩防体系"

琼斯和坎特的两套课堂管理系统都包含有"后备计划"，或者按坎特的术语来说就是"分层惩防体系"。他为初、高中学校提供了一个方案示例：

一级违规：警告；

二级违规：下课后留1分钟；

三级违规：下课后留2分钟；

四级违规：联系家长；

五级违规：送去副校长办公室。

我要重申一遍，这一"分层惩防体系"本身并没有什么问题，但它通过不断加重的惩罚，反复灌输给学生一种敬畏权威的意识，这将产生持续的不良后果。露易丝·奥格伯恩正是通过以上教育认识到，如果她不服从命令的话，后果会很严重，甚至可能会被逮捕坐牢。

坎特接着给出了更加精细的方案，以指导老师们从早期教育开始就关注学生课堂行为的方方面面。琼斯也认为严格控制学生在课堂上的日常行为是非常必要的，不过，他给出的是一些更加系统化的指导方针。下面是两人共同提及的一些主题：

◆第一节课前的例行程序；

◆放学后的例行程序；

◆（课间活动时）离开座位；

◆（课间活动后）回到座位；

◆排队离开教室；

◆排队行走；

◆休息或午餐后回教室；

◆分发和回收学习材料和考卷；

◆削铅笔；

◆取用书架或书柜里的学习材料；

◆离开教室去洗手间；

◆爱护桌椅；

◆使用自动饮水器。

毫无疑问，上述主题会随着学生越来越多地使用电子通信设备而不断更新。这里的每一个主题都无可厚非，但从整体的和长远的效果来看，我们有理由认为它们会产生持久的后续影响。事实上，这两套课堂管理系统的价值也正在于它们持久的后续影响。如果它们被长期持续实施的话，就会被内化为自我管理。规则会从人们的意识中消失，转而成为默认的行为模式。如果你想要的是有序的课堂，那么它们就是可取的；如果真实的后果是护士、飞机副驾驶、安检人员或者餐厅的小时工在不该服从的时候选择了盲从,那么它们就是不可取的。

如果说从学前班到高中要上13年学,按每年有180天在校日计算,去掉每年几天的缺席,到高中毕业时,每个学生在学校的时间大约有2300天。大多数学校要求学生每天的在校时长是6.5小时多一点,在完成高中学业以前,我们的孩子都要在某种课堂管理体系中度过生命中的15000个小时。按照马尔科姆·格拉德威尔(Malcolm Gladwell)在他的畅销书《异类:不一样的成功启示录》(*Outliers: The Story of Success*)中的说法,要想精通于某个领域,就需要10000个小时的练习。我们所设计的这套教育体系,究竟是为了让大多数公民精通于服从呢,还是为了让少数自小调皮的公民精通于不服从(并非智能不服从)呢?

这并不是说是我们现行的教育体系造成了对权威的滥用或盲从。正如我所指出的,每个文化都有自己的方法来灌输服从意识。在某种程度上,我敢说琼斯、坎特或其他人提出的课堂管理体系好过过去那些管理体系。在过去,老师通过体罚和羞辱学生来维护课堂纪律也能被坦然接受。在有些国家,虽说高中教育能提升人们的经济地位,但却并不普及,这种状况导致课堂管理根本无从谈起。在无法接触到任何正规教育的社会里,人们的服从倾向也会通过各种各样的社会的、宗教的规范及制裁得以加强。

这本书,特别是这一章,重点讨论的是无处不在的中小学教育体系,多数经济发达国家把这一体系作为灌输服从意识的主要手段。对父母或其他主要监护人的服从无疑奠定了人们服从意识的早期基础，宗教教育和课外活动也强化了他们的服从意识。但是在发达国家里，再没有什么能像课堂教育这样持久且深入地贯穿于年轻人的成长过程了。

露易丝·奥格伯恩就是这种教育体系的产物。这样说来，唐娜·简·萨默斯和韦斯·尼克斯也是这种教育体系的产物，被戴维·斯图尔特得手的所有70家餐厅的受害者和行凶者也都是。

我相信教育家会从教育哲学的角度对这一体系进行深刻的批判，并提出不再过度强调服从的替代方案。如果有的话，我一定会毫不犹豫地支持这些方案。也许通过创造性地运用科技手段，我们可以实现虚拟课堂与现实课堂的结合，而这种新的教育形式将不再强调课堂权威。但现实是，到高中为止的大部分教育都还是在教室里进行的，每天都有数千万孩子去那里报到。我们要思考上述故事所涉及的以下问题：

1. 为了保留课堂管理技术中的有益成分，使其不再鼓励盲从倾向，我们应该怎么做呢？

2. 我们应该怎样培训新教师，让他们既能维持必要的教学秩序，又能培养学生必要的自主性？

3. 我们应该怎样对熟谙课堂管理的老教师进行再培训，让他们鼓励学生的独立思考？

4. 当学生离开学校成为一线工人时，我们应该怎样教会他们质疑那些违反安全要求、违背法律或社会公德的命令？

5. 我们应该怎样教会一线管理人员弄清楚他们接到的命令，并在执行之前评估它们的安全性、可操作性以及合法性？

6. 我们应该如何让孩子和权威人士之间形成一种良性互动，为他们的课堂行为和将来的职场行为打好基础？

我们将在下一章回答这些问题。

第9章

质疑的力量

当一个人的权威立场具有充分理由时，孩子们应该要有礼听话，但是当权威并不值得尊敬时，反抗他们才叫作聪明的好孩子。

——菲利普·津巴多

你做好被质疑的准备了吗

我们已经认识到，在人的成长过程中教授智能不服从有诸多益处。但如何在正规教育中开展这种教育却没有得到多少关注，相关研究和实践更是少之又少。然而，这个主题是如此重要，我们还是应该开始收集各种不同的相关资料，为培养年轻一代的智能不服从早做准备。

早在1985年，唐纳德·肯尼迪（Donald Kennedy）校长就在斯坦福大学的毕业演说中提及教育中的权威。他注意到了以下情形：

我们知道在导盲犬训练中有一个奇妙的环节叫作智能不服从。狗狗们必须学会拒绝主人的指挥，不过仅当它们发现事情不对头时（比如一辆轿车疾驰而来或路上有一个坑）才能如此。而民主社会也必须贯彻此类教育，学生必须学会何时以及如何去抵制和挑战各种不当权威。我们认为，有选择地、明智地抵制教育权威应该被列为教育的目标之一。

不幸的是，这番言论并没有引起人们的重视。人们把大量的资源用在了帮助学生学好课程、提高标准化考试的成绩等方面。当然也有好的方面，比如提高社交技巧，培养自尊心、创造力和适应能力等。但鲜有什么地方提及智能不服从，即使是它的别种叫法。如我们所见，实际情况糟糕透顶。

不过，在文献资料中有一个例外，那是一篇由戴维·尼伯格（David Nyberg）和保罗·法伯（Paul Farber）合著的文章，名字就叫《教育中的权威》（*Authority in Education*）。作者认为，教导学生与权威人士形成良性互动非常重要。他们还指出了存在于师生关系中的一个悖论：

> 受过良好教育的公民必须懂得如何处理自己同权威人士的关系，这一技能的重要性再怎么强调都不为过。我们认为，老师在以权威人士的身份从事教育实践时，尤其要为被教育对象讲清权威本身到底是什么。

想想这需要老师们具备什么样的能力吧！我们前面已经了解过任课老师所承受的压力。老师要在合理使用自身权威的同时，还要反复灌输给学生适当限制权威的观念，这需要怎样的训练和自我管理啊！

诚然，好的教育应该注重培养学生的批判性思维。但为了有效地提高学生面对权威时的独立判断能力，老师们真的准备为学生提供练习机会，让学生挑战自己的权威吗？批判性思维是一回事，对权威表达异见是另一回事，而根据这些异见行事又是另外一回事。只培养批判性思维而没有同步培养基于批判性思维的表达能力和行动能力，这对将来要从商或从政的公民来说是远远不够的。我们在2014年浏览索诺马州立大学的"批判性思维"网站（www.criticalthinking.org）时，看到了一份非常完整的材料，它是用来培训老师"在各个教育阶段如何讲授批判性思维"的。但它自始至终都没有把批判性思维解释成对欠妥的命令或政策进行合理的抵抗。

回到导盲犬训练学校的例子上，我们现在来讨论一下教学主管戴夫·约翰逊所扮演的角色。戴夫不仅要为导盲犬的智能不服从训练负责，更要负责培训那些直接跟狗和狗主人打交道的训练师。我们前面已经了解到，为了让导盲犬学会辨别何时应该服从、何时不应该服从，这一套训练方法得多么精确。如果训练要求不能一以贯之，就会让狗和狗主人丧失信心。大家可以类比一下，任课老师需要练习多久，才能持续营造出适于培养智能不服从的氛围呢？我们也深入探讨过许多课堂管理系统中的实施细则，老师们要经过多少智能不服从的训练才能抵消其不良影响呢？我们对此不得而知，因为目前还没见过这样的尝试。

作者尼伯格和法伯接下来引用了肯尼思·贝恩（Kenneth Benne）对"权威与教育"所做的基础性研究。贝恩的概念架构颇具挑战性，但他用一句话精辟地概括了教育的任务。如果我们在头脑中用更常见的"教育学"（pedagogy）一词来替换掉他所创造的"养成教育学"（anthropogogy，有人译作"成人教育学"，但中文语境中的"成人教育学"更多地是指adult education，故这里译作"养成教育学"）一词，他下面的这句话就更好理解了：

所有的养成教育学既是哺乳也是断奶，既要深植于现行的权威关系，又要完成抽离。

多么明亮的一幅未来图景：既教育我们的年轻人要适度地敬重权

威，以完成文化和智慧的传承，同时帮助他们冲破权威的束缚，以建立自己的安身立命之道。

我们怎样才能做到这一点呢？教育者怎么才能让被教育者既尊重权威，又具备这样的识别能力，即"明白何时应该摆脱权威人士的思路，甚至抵制它、反对它"呢？怎样运用类似于导盲犬那样的"反拉"能力呢？

贝恩写道：

老师们被告知，在教授学生那些所谓的"应会知识"之前，首先要维护好课堂秩序……对于大多数教育者（老师、家长或管理者）而言，这种方法太过新奇：开明而负责地现身说法，以发生在自己身上的真实冲突为例来进行自我学习，也顺带教育那些与自己发生冲突的人。

我们不禁会问，为什么这种方法对老师、家长和管理者显得如此新奇呢？这个问题比看上去更为重要。如果老师要鼓励学生有效地质疑权威，他们自己必须有过有效质疑权威的经历。但听取老师汇报的管理者们已经够忙的了。他们周旋于州政府对教育界的要求、代表学生的利益集团提出的特殊需求、教师工会、家长团体、个别父母之间，还要考虑与基础设施建设息息相关的人流量、健康安全项目、语言和文化的多样性、飞速变化的科技、持续多年的预算限制等，更要协调好一大堆别的事务。他们真的做好接受质疑的准备了吗？

如果这些当权的权威人士还没体会到智能不服从的价值，比如智能不服从曾让他们免于犯错，让他们用更好的方法来实现目标，那么这一切都不过是说说而已。在单个学校甚至整个教育系统中开始营造智能不服从的文化氛围时，一定要先想好怎样才能消除可能存在的阻力。

不过，这并不是说不能先行变革老师的培训方式，以此平衡一下现行课堂管理技术的消极影响。我们可以让老师们进行一些相对简单的练习，让他们具备处理建设性冲突所需的信心和技能，而不必担心课堂的失控。也许这对于新入行的老师来说太难了，也许这需要被纳入现行的职业发展规划之中。然而，要想为培养独立性思考、负责任的公民和智能不服从打下基础，这种信心和技能就是必需的。

但只在教师培训领域施行变革就够了吗？那些最早在家庭生活中养成的服从习惯呢？我们的年轻人真的能清楚地分辨出何时应该服从、何时应该质疑吗？

亚里士多德（Aristotle）对教育有过详尽的论述，他写道：

> 我们总打算知而后行，但其实我们是在行动中获得知识的。比如说，我们由于从事建筑而变成建筑师，由于演奏竖琴而变成竖琴演奏者。同样，由于实行公正而变为公正的人，由于实行节制和勇敢而变为节制、勇敢的人……所以说，我们从小的行事习惯并非无关紧要，而是很重要，甚至说是最重要的。

莎伦·普雷斯利（Sharon Presley）是一位持自由论的社会心理学家，专注于研究"对权威的服从和抵抗"这一课题。她在一篇题为《不是所有人都会服从：个人因素与抵抗不当权威的相关性研究》（*Not Everyone Obeys: Personal Factors Correlated with Resistance to Unjust Authority*）的文章中感叹道：

> 不幸的是，很少（如果有的话）有教育项目是教导孩子们对权威

和法律保有批判态度的。是家长们把自己的态度教给了孩子。

　　不幸的是，她说对了。而基于亚里士多德的告诫，家长们该如何做才能为智能不服从打好基础呢？

自主状态与代理状态

我们知道，年轻人可塑性很强，比如他们学习语言的能力就非常出色。因此，尽早让他们了解什么是恰当服从、什么是不当服从是很有必要的。但让一个五岁的孩子完全无视权威有可能会带来负面结果。尼伯格和法伯已经指明这是一种错误的选择，我们没必要为了培养孩子与权威的健康关系而让他彻底无视权威。他们写道：

家长和老师可以不断鼓励孩子提问"我为什么要认可和听从你们（家长和老师）的要求"，从而培养他们智能不服从的能力。

当家长对孩子发出命令后，应该再就以下问题做出说明：

"我为什么会叫你那样做呢？"

"如果我们不那么做，又会怎样呢？"

"你还能想到别的什么方法吗？"

尼伯格和法伯继续写道：

对以上问题做出理性的说明能让孩子渐渐基于对命令的理解而行事，而不是出于顺服而行事。

很明显，像"因为这是我说的"这样老套的说辞是不合格的，你应该对当下情境做出理性的说明才行，比如：

"我们之所以要这么做，是因为我们对此做出了承诺，而信守承诺是我们家比较看重的品质之一。

"我们之所以要这么做，是因为非如此不能保证安全，我作为家长的职责之一就是确保整个家庭的安全。

"我们之所以要把桌子清理干净，是因为别人稍后会坐在这里用餐，他们会因为洁净的用餐环境而心怀感激。

"现在情况危急，所以我没有时间向你解释为什么要这样做，但危机过后我会向你说清楚的。"

看起来挺容易的，不是吗？我们当然不希望自己的孩子在餐馆里把意大利面扔得到处都是，在杂货店里把口香糖从货架上拉了下来。关键在于，你要持续地给出明确的、与年龄相称的、孩子能够理解的理由，即使你正承受着不小的生活压力。这需要我们有自我管理的决心，要突破我们自己在孩提时代所经受过的那种权威模式。制造服从倾向的因素往往隐而不彰，但只要有足够的自觉和决心，我们就能扮演好家长以及社会人的角色，在教育下一代不要因为被迫、畏惧和习惯而盲从权威的同时，传承好那些必须要遵守的社会规范。

让我们用下面这个暖心却又颇有警示意义的故事作个对比，这是一位积极投身于学校公益活动的家长告诉我的。她参与的一项活动是在自己所在城市的中学的"衣物回收处"当志愿者。有的家庭会把一些闲置的但依然很好的衣物捐给那些贫困家庭的学生，这些学生正处在快速成长阶段，他们的家庭吃力地供应着他们的各种所需，加之这个城市的季节变化很明显，更是加重了这些家庭的负担。捐赠物中还包括化妆用品等，这些更是贫困家庭难以负担的。

一个女学生参加了周二的"购物伙伴"活动（即受捐活动），这对人际关系敏感的中学生来说是需要很大勇气的。这名志愿者问那个小女孩需要什么样的衣服和化妆用品。她的回答让我们不寒而栗。

"哦，我只做大人让我做的，也就是我父母吩咐我的。所以你只要告诉我，我需要什么就可以了。"

我们再一次看到了好心的父母本来是想关心自己的孩子，却在不经意间养成了他们的盲从倾向，而这种倾向又被别的社会化机制所加剧。

一个教育家发现，在弱势群体中，家长更倾向于向孩子灌输尊重权威、敬畏权威的观念。这些家庭中的成年人或其邻居往往有过这样的经历：在找工作时，在社会福利机构中，在执法机构中，或在被审讯、被监禁、被执行缓刑期间，曾经体会过自己的命运被权力所掌控的感觉。他们明白，抵制和反抗权威的代价太过昂贵。

即使是"衣物回收处"的志愿者，作为生活安定的中产阶级，这位家长也开始反思自己可能在无意间把盲目服从权威的观念灌输给了孩子们。她写道：

"我回想了一下自己是怎么做父母的，自己平时是如何教育孩子的。为了盲目地让他们表现得'很有教养'（懂得社交礼仪），我有时候确实会这样教导他们，'要表现出善意，不要凭直觉做事'。"

她一针见血地切中了问题所在。为了平衡现行教育方式的消极影响，我们还要学些什么呢？关于服从，我们到底应该在家庭或是学校中教给孩子些什么呢？米尔格拉姆在阐述他的实验结论时为我们提供了一些线索。他虽然没有建议我们具体该如何做，但却透彻分析了现有的强大机制。

米尔格拉姆发现人有两种截然不同的状态。一种是自主状态（state of autonomy），处于自主状态中的我们会根据自己的是非观念做出选择。另一种是在等级体系中成为上级的代理人，他把这个称为代理状态（agentic state），意思就是，我们以代理人的身份行事，依据的是权威的判断和指示，而不是自己的。

这种代理状态使得人类文明创造出复杂的系统，从而成就了丰功伟业。它使我们生活于其中的这个庞大国家得以存在。由于成千上万的人听命于各种权威，我们构建了全球贸易体系，把宇航员送上了月球。但它也有不光彩的一面，它助长了掠夺性和毁灭性的大型战争。

米尔格拉姆发现，大多数人一旦进入代理状态就很难再转变回自主状态了。他认为，现行体系为我们提供了身份认同和生存机会，而切换到自主状态就意味着要背叛这种体系。然而，处于代理状态会使人意识不到要为自己的行为承担责任，因为他（她）只是执行别人意愿的工具。如我们所知，这样是很危险的。

如果我们接受了米尔格拉姆的分析，那么要想回答本节开头的问题，就得研究自主状态和代理状态的特性：它们是怎么产生的？怎样识别它们？如何在适当的时候在两者之间进行转换？

看来我们要设计出一套教育方案，用适合不同年龄的方法进行如下教育：

1. 了解自主状态、代理状态和它们各自的功能。

人们做事情，有时候是因为他们自己决定要那样做，有时候是因为别人告知他们要那样做。

那么，哪些事情是"他们自己决定要那样做"的，哪些事情是"别人告知他们要那样做"的呢？

2. 亲身感受一下以上两种状态的不同。

在生活中，你什么时候做了自己决定要做的事？

什么时候做了别人告知你要做的事？

3. 处于两种状态时，你各自有什么不同的倾向。

当你自己决定做某事时，你需要考虑哪些因素？（是否安全、公平、令人愉悦，是否会伤害到他人，是否是最好的方法，等等）

当你做别人告知你要做的事时，你需要考虑哪些因素？（谁下的命令，他或她是否有权命令你，命令是否有害，等等）

4. 懂得什么时候该以何种状态为主导。

什么情况下最好做别人让你做的事？

什么情况下最好质疑、违抗别人给你的命令，甚至在似乎很难拒绝的情况下？

5. 无论哪种状态，都要承担起自己应有的责任，即便你是在以代理人的身份行动。

当你在做别人让你做的事情时，为什么还是要为自己的所作所为负责？

你一直都很负责任吗？

6. 培养表达技巧和行为能力，用恰当的语言和切实的行动担起自己的责任。

如果感觉接到的命令不对，你该如何表达出来？

你该如何拒绝去做某事，甚至是在被强迫时？

显然，为了更有创造性地做好以上这些，我们还需要写好多研究著作，开发和试验好多课程设置。在哪个年龄段开展这种培训更合适呢？有人认为不能在孩子很小的时候就教他们做这种程度的区分，这种观点当然有可取之处。他们可能会用导盲犬作类比来确定时间节点：导盲犬直到十六个月大的时候才能接受智能不服从训练，如果用人和狗的年龄比例来换算的话，那么小孩子要到十来岁的时候才能开始学习这些课程。

孩子说"不"的技巧

不幸的是，我们无法等到孩子们9岁或10岁时，才开始教授他们智能不服从。我做过关于"如何教育孩子们反抗恶意权威"的研究，很遗憾，它使我意识到，智能不服从与我们不得不关注的另一个问题息息相关，那就是防止童年性侵犯。

回想一下导盲犬训练学校的教学主管戴夫·约翰逊，他在儿子将要离家去露营时，第一次将导盲犬训练的那些原理传授给了儿子。想到那些本应值得信赖的成年人、辅导员、教练等都有可能辜负期望，戴夫和他的妻子变得忧心忡忡。我们从一些沉痛的社会事件中就会明白，在很多情况下，类似这样的恐惧并非毫无根据。

因此，一系列防范童年性侵犯的项目被迅速展开，它们旨在向各个年龄段的孩子讲解他们所拥有的自主权，以及如何在适当让渡自主权给合法权威的同时保护好自己。在这些儿童训练项目中，有哪些共同的要素呢？

界限

最重要的是关于界限的话题。人际交往的界限是什么？首先即是认识到你和别人是有区别的。具体来说主要包括两方面，即身体界限和权利界限。明确自己的界限，明白任何未经自己同意或让自己感到不舒服的接触都算是侵犯。这就为日后明晰自己和权威之间的界限奠定了基础。

说"不"

另一个核心目标是教孩子懂得何时说"不"以及如何有效地说"不"。很多说"不"的方式并不奏效，比如害羞地说、傻笑着说，或者当说"不"不能引起重视时不敢重复说。这个话题我们在前面的章节中已经详细说过。这些练习能让孩子们对肢体语言、眼神交流、表达力度有所认识，同时能用不同的方式重申自己的界限并要求得到尊重。

告知其他人

第三是告知其他人。大家都知道单独对抗恶意的权威既困难又危险。滥用权威的人会威胁说，揭发权威人士是要付出代价的。尽早培养寻求支持的意识非常必要，因为它在当前和未来都很有用。

反抗行动

有些训练项目着重于强调这一观念，即对某一特定行为说"不"并不必然意味着彻底否定对方。这个区分很重要。举个例子，当某个成年的家庭成员逾越界限时，虽然拒绝他（她）似乎不可想象，但小孩子依然应该果断拒绝那个让自己感到不适的举动。这一条也非常有用，它能够让孩子们日后面对一起工作和生活的同伴时，仍然坚守自己的立场。

我认识一个积极参与到儿童安全基金会（KidSafe Foundation，一个致力于防止虐待儿童的非营利组织）中的家长，看看他儿子是如何运用上面这些技巧的吧。他儿子显然已经在使用很多年轻人尚不熟悉的方式应对可疑状况。

我要求他（我儿子）有礼貌，但千万不要仅仅因为一个成年人的命令而去做某事（比如老师或辅导员叫他去做某事），而不顾自己的安危。如果那件事让他感到不安或迷惑，他应该怎么着？他完全不必去做！他有权利说"不"，他也明白这一点。当我儿子告诉我他露营时的经历时，我脑海中展现的就是"盲目服从"和"懂得何时以及如何坚决地表明立场"之间的对抗。

我儿子住在一个新的野营地。前两天他们游泳的时候，是在一个有隔间的大浴室里换衣服。所有的男孩都一样，都是到他们各自的隔间里换衣服。第三天他们被带到了一个较小的浴室（不知道为什么），那里没有隔间。我儿子对辅导员说："我要在隔间里换衣服。"辅导员说："我们很急，就在这儿换，动作快点。"我儿子说："我不想让别人看到我的身体，我也不想去看别人的隐私。"辅导员提高了嗓门说"必须在这儿换"，我儿子拒绝了。辅导员找到了野营的主管，令人惊奇的是，野营主管对我儿子说："我完全尊重你的隐私权，你不用再在这换衣服了，你可以一直在那间大浴室换衣服。"

不管当时的实际情况是否有危险，这个孩子所接受的训练已经使他具备了应对可疑状况的能力。更为根本的是，这种训练使他能够由代理状态切换到自主状态。就像亚里士多德所说的，我们是在实践中获得知识的。可以预见到，这个孩子长大成人后，将能更加自如地在两种状态之间进行切换。如果成千上万的年轻人具备了这种能力，就能改变那些根深蒂固的、不合道德的群体规范。

为了取得这样的成效，那些愿意为青少年人格养成出一份力的成年人就要坚定而持久地付出努力。这样的结果不会仅仅因为一次儿童讲座，因为第一天上学、第一次露营、第一次参加教会青年团契和童军会前夜的一次谈心就自然出现。理想的情况是，成年人不仅要做出示范，而且要精心设计一些训练项目，用这些项目来形塑意识、提供练习、建立自信，从而巩固成果，就像我们在训练导盲犬时所花费的心思一样。

故事的力量

一位儿童教育专家在一篇题为《教给孩子拒绝的技巧》(*Teaching Children Refusal Skills*) 的文章中提出了"拒绝的技巧"的重要性。这在青少年养成教育中是一种相对较新的理念，但在我看来，拒绝的技巧正是智能不服从的有力武器。

学习过拒绝技巧的孩子更有可能做出正确的选择而不是高风险的行动。教孩子明确自己的界限并对外来压力说"不"能增强他们的自信。当孩子学会了一系列说"不"的方法，学会了在答应一个请求前先停下来考虑后果，他们就会更善于拒绝参与那些可能伤害到自己或他人的事情。

这篇文章列出了很多角色扮演的练习，用于培养学生的拒绝意识和技巧。在这些角色扮演练习中，老师通常会扮演学生的同龄人，并尝试怂恿学生们做出一些有悖道德的事。对培养拒绝技巧来说，这无疑是朝着正确的方向迈出了一步。但这些练习都没有设计权威的角色，没有训练学生面对权威时的拒绝技巧。对培养智能不服从的能力来说，这是一个严重的疏漏。不过，只要迈出了第一步，总还是好的。

到底还有什么更好的方法来培养年轻人的拒绝意识和技巧呢？当然，我们首先要有极强的自主意识，这一点毋庸多言。其次，我们可以从一个权威（是不是有点儿讽刺）的论述里有所获益，他就是我在前面的章节中提到的肯尼斯·贝恩，他在书中写道：

在当今众多能够塑造年轻人的头脑、性格、习惯和思维方式的社会机构中，学校只是其中之一，这在我们年轻的时候也一样。对青少年的教育来说，娱乐组织、大众传媒、教堂、各种青少年兴趣小组等都只是其中的一部分，但它们加起来的力量要比学校更为强大。

看来，随着现实的、虚拟的场所及活动越来越多样化，这番先见之明在今天显得更为正确了。是的，为越来越多样化的活动都设计一套练习项目会显得乏味而刻板，这些练习也会毫无效果，就像航空业那些传统的安全指南并没发挥什么作用一样。然而，如果一个基础项目能够创造性地适应各个时代和各种情境，它就并不必然是枯燥的，就像航空业最近采用的一套训练项目一样，它的内核依然是传统的，依然符合联邦航空管理局（Federal Aviation Administration）的规定，但它的形式却很时髦。

下面是一个与宗教教育相关的例子，我引用得有点儿长。这个例子与上文密切相关之处在于，它直接把导盲犬训练的过程讲给了孩子们听。虽然此处老师所说的"内心的声音"具有宗教意味，但我们也可以把它理解成米尔格拉姆所说的"自主状态"。就像米尔格拉姆实验中那个爱尔兰牧师一样，我们并不在意他是如何把更高的权威（即"内心的声音"）等同于上帝的，我们更关心的是，他是如何获得内在力量以对抗外部权威的。

我惊奇地看到，"智能不服从"这个词被一位盲人妇女和她的狗演绎得淋漓尽致。

那是我第一次参加东南导盲犬公司（Southeastern Guide Dog）在佐治亚州举办的导盲犬抚养者集会。会上，一个盲人妇女对她的狗说："拉尔夫，找到台阶在哪。"那只体型庞大、浑身雪白的纯种狮子狗马上带着主人来到了教堂礼堂的台阶前。

"向前，上！"然后是"往左、往左，拉尔夫"。她和它爬上7层台阶，来到了舞台的中央。

"往右，拉尔夫。"她和它面对着我们这些台下的观众。

她命令她的狗，"向前，拉尔夫"。狗往前走了几步，然后突然停了下来。

"向前，拉尔夫。"她不耐烦地再次高声命令道。

拉尔夫在高台边缘1.5米的地方坐了下来。听从主人的命令对狗来说很容易——只需轻轻一跃，但这会让盲人妇女从平台边上摔下去。

导盲犬无视了"向前"的命令，因为它听从了更高级的内在命令，它要保护自己的主人。这一幕就发生在我眼前，我明白了为什么智能不服从的能力让导盲犬在各类服务犬中首屈一指。我震惊了，并立志要成为一个养狗志愿者！

两个月后，我从位于佛罗里达州帕尔梅托市的东南导盲犬公司挑了一只狗——智能不服从的未来践行者——来养。它叫卡里普索，是一只11周大的黑色歌德阿多尔犬，我把它带到了我在主日学校专为学前班和一二年级学生上的开学第一课上。这些课程主要是围绕着导盲犬来进行学习，其主题包括"服务意识""良好的举止"以及"尊重上帝的所有造物"等。而上一堂关于智能不服从的课程似乎太适合贵格派信徒，太适合主日学校了，以至于我们不能略过。

在我借助纸偶讲述那个盲人妇女和她的狮子狗的故事时，孩子们安静地围坐成一圈。他们同我一样惊讶于小狗居然懂得违抗命令！而且是为了救她！狗怎么会这么聪明？

"这被称为智能不服从。那什么是智能呢？"

一个二年级学生答道："聪明。"

"正确！那什么又是不服从呢？"

他们沉默良久才给出了答案。服从他们当然懂，服从的反面就是不服从。

"这只狗不服从了吗？""你曾经不服从过吗？"（有些孩子从来没有不服从过！这让人感到震惊！）

然后是最棘手的问题："不服从能算是聪明吗？"

"不算！"

想想爸爸、妈妈，还有老师，嗯，不算。

"那导盲犬不服从了吗？"

嗯，是的，但是……那些聪明的小脑袋飞快地转动着。

"如果一个陌生人对你说'到我的车里来'，那你该怎么办呢？"
孩子们的思维飞快地转啊转。

"一个人的时候，你曾经上过陌生人的车吗？"

"没有！"一个孩子快速回答道，然后所有人也都这样说。

"在学校同学会要求你协同作弊，你会因为自己做错了事而撒谎……随着你逐渐长大，你自己做决定的机会也越来越多，你怎么判断是非对错？

"你应该怎么做？

"啊哈！运用你自己那颗聪明的脑袋！倾听你心中那个微弱的声音！你越倾听那个声音，那个内心的上帝的声音，就越懂得如何判断是非对错。

"你要练习倾听那虽然微弱但一直都在的声音。卡里普索也需要练习，只有这样它才知道该怎么做。

"孩子们，还有我们的朋友导盲犬卡里普索，你们都能学会明辨是非。它能学会智能不服从，你们也能！"

讲这么一个小故事就能培养出孩子们智能不服从的能力了吗？对有些人来说或许可以，因为这种课程有时候对年轻人影响深远。我想起了那个和家人一起去泰国游玩的小女孩的故事。2004年12月，圣诞节的第二天发生了大海啸，夺去了25万人的生命。当海水极速退去时，海滩上成百上千的度假者都惊讶地看着这一幕，还有人若无其事地走向露出的海床更深处。这个小女孩想起了在学校学过的知识：海水突然退潮正是海啸的征兆。她告诉了父母，并且和家人快速逃离了海滩，将家人从死亡线上拉了回来。这就是"反拉"能力的终极体现。

然而在大部分情况下，尤其是权威在场的时候，要想让学生具备抵抗有害命令的能力，仅仅讲一个教育故事是不够的，他们还需要接受一定程度的训练来构建神经网络、塑造语言模式、巩固肌肉记忆以及培养冲破禁忌的能力。

角色扮演练习

角色扮演和即兴表演的训练方式既有趣又有效。事实上，这正是训练导盲犬和乘务员的方法，它们能够培养导盲犬和乘务员的情境感知能力和智能不服从的能力，教会他们使用肯定语言、采取果断行动。

我们也是用这些方法来教给孩子们一些生存技能的，比如应对未必会发生但始终有可能发生的衣服着火之类的灾难事件。"停下，趴下，打滚。"我回想起了我在本地消防队里为3岁的女儿举办的生日派对。虽然是公共场所，但我还是给了一点儿场地租用费，权当是捐款，而交换条件是，把一部分的派对时间交给消防队主管，让他来带孩子们进行"停下，趴下，打滚"的灭火训练。一想到20个3岁的孩子在地板上打滚的画面，我妻子就对我所设计的派对项目大跌眼镜。但我敢打赌，孩子们直到今天都还记得他们学到的那些生存技能。

随着时间的推移，这些或真实或虚拟的智能不服从的训练项目被不断更新、发展和补充。一个以"发现孩子取得成功所需的品质"为目标的研究所就在从事这样一个新项目。他们已经认定40种能让孩子取得成功的品质。其中20种来自外部，是由教育机构和教育者赋予的；另外20种来自内部，是由孩子自己挖掘和锻炼出来的。这40种品质依年龄的不同而有所侧重，具体可以分为3至5岁、5至9岁、9至12岁以及12至18岁4个阶段。

这些品质是要配合起来培养和使用的。反抗能力就是其中之一。显然，如果一个人只具备反抗能力，那么我们培养出来的是一个人格不健全的人，就好比只懂得不服从的导盲犬将毫无价值一样。因此，要把反抗能力和别的能力放在一起教，比如责任心、自制力、社交能力、解决冲突的能力等。但最重要的是，不要只把它们放在同龄人之间教授，还应当把它们放在与权威人物的关系中教授。

比如，这家研究所出版的一本书中就有一个名为"面对警察：如何与权威打交道"的练习。这个短剧的规定情境如下：

一天晚上，一个十几岁的少年带他的朋友们来家里玩，但他忘记带钥匙了，而父母也不在家，他只好从窗户爬了进去并给朋友们开了门。由于这个街区最近发生过几起盗窃案，警察巡逻得比较密集，他们注意到了少年的异常举动，就过来进行检查，想看看他和朋友们在屋子里干什么。少年给警察开了门。警察不相信他是这里的住户，就开始盘问他。

这个短剧还有不同的变形。在一个情境中警察表现得很有礼貌，而在另一个情境中他会表现得很严厉。剧中少年的扮演者被要求运用包括拒绝在内的一系列技巧来应付这种状况，即便是在压力之下，也要既保持谦恭又充分维护自己的权益。

这个短剧非常适合青少年，能够有效地培养他们勇敢面对权威的能力，不管是象征性的权威还是真实可感的权威。这一练习能够反复进行，比如由不同的少年来扮演那里的住户，或者"警察"以多种方式来运用自己的权威。之后还可以向角色扮演者提一些问题，比如，在这种情境中，那个少年有哪些选择？面对不同形式的权威，扮演者们经历了怎样的情绪变化？扮演者们为了确保自己的权益，是怎么坚持不懈、自我克制和如何运用肢体语言、声音语言的？扮演者们如果在生活中遇到了类似情境，能表现得不一样或更好吗？

这样的角色扮演练习能在多大程度上改善人们面对真实状况时的行为呢？我们已经在导盲犬和空乘人员的训练中看到了成效。在青少年成长的不同阶段，运用不同的方法、创设不同的情境进行学习是大有裨益的。

不过我还要重申本书绪论中的告诫，那就是，在把这类角色扮演练习改编成适合有色人种青少年的版本时，要格外谨慎。因为他们的父母太懂得，当被警察拦下问话时，乖乖听话才是生存之道。这说明，智能不服从的训练项目要适当变通以适应亚文化人群的需要，这样才能有益无害。必须为少数族群提供特别的训练项目和拒绝技巧，使他们在面对不当搜查时，既能维护自己的权益又可避免报复性执法。

当我们展望未来，不断开发出新的培训方法时，我们不禁要假设一下：在餐厅那个可怕的夜晚，如果露易丝·奥格伯恩接受过哪怕一丁点儿的此类训练，也足以避免遭受后来那种伤害。露易丝告诉采访者，当她服从尼克斯越来越不堪忍受的命令时："我已经完全麻木了，只求能活下去。"

临床心理学家杰夫·贾第拉（Jeff Gardira）是这样评论露易丝的心理状态的："这是一种灵魂出窍式的状态。她就像站在自己身边看着自己一样，虽然伤痛欲绝却无能为力。"

或许，如果接受过前面的训练，露易丝和其他70名受害者就能摆脱那个冒牌警官的支配，有效地抵制那些本不该被服从的命令。

不管你是家长、老师、伦理学家还是仅仅对这个话题感兴趣的公民，读到此处你应该明白，要想把这一类课程引入到很多地方的正规教育系统中，势必要打一场硬仗。我们对教育系统已经提了太多要求，关于何者为重也有了太多的观点。

因此，要改变现状，眼下最有效的方式是，像你一样的读者见缝插针地把智能不服从的练习引入自己的生活圈子。这些圈子包括你所参与的一切与青少年人格养成有关的活动，比如团队运动、宗教教育、男女生户外项目、自卫训练、社区服务、夏令营、在线安全教育等。这其中有的是机会教给青少年如何区分恰当服从和不当服从，如何在接受错误命令时做正确的事。

让我从本章中提炼出一些原则来为你们提供指导。请记住，虽然对本书来说我是个权威，但你才是那个评判我的这一课是否正确、是否重要的人。

1. 在适合开展教育的年龄段，要尽早以合适的方法开始智能不服从的教育。

2. 教育通常发生在教育者和被教育者之间，这就需要作为权威的老师具备以下意识：在运用自己权威的同时，也要注意激发被教育者对权威的适当质疑。

3. 我们要让大家认识到，即便他们完全是奉命行事，也始终要为自己的选择以及行为的后果负责。

4. 在家庭生活中，从学前时期开始就要通过提出问题、给出解释等方法，来有意识地培养孩子智能不服从的习惯，比如向他（她）提问或解释为什么该做或不该做某件事。

5. 让孩子意识到外部权威的合法性和自我道德意识的合法性不是一回事，并教会他们如何协调两者的不一致。

6. 在正规教育环境（比如学校或青少年团体组织）中讲一些导盲犬训练的具体事例，让学生对此留下深刻印象并对合理服从和正当抗命有一个初步认识。

7. 我们需要设计一些适合不同年龄和文化的角色扮演项目，来训练孩子们智能不服从的技能，也要提供越来越复杂的挑战项目，来锻炼他们在特定环境中解决问题的能力。

8. 教育孩子们明确自己的身体界限，尊重自己的是非观念，从而使他们具备防范性侵犯的能力，终生视自主选择权为合法权益。

9. 在智能不服从训练的各个环节都要讲清楚肢体语言和声音语言的具体使用方法，只有这样才能既有效地抵抗错误命令，又适应当地的文化习惯。

10. 强化服从倾向的因素往往不易察觉，因此，无论我们采用了哪种智能不服从的训练方法，都要确保拒绝技巧的明晰可行，不管是出于自我保护、人类尊严还是公民的责任担当。

第 10 章

去承担，去冒险

大部分成为恶行加害者的人可以和做出英雄之举的人直接相比较，因为他们有一个共同点——都只是平凡的一般人。

——菲利普·津巴多

瑞斯科拉的"9·11"

　　对于那些想在工作中运用智能不服从而拿起本书的读者，我感谢你同我一起深入探讨了儿童不当服从的根源。对于那些想在儿童教育中运用智能不服从而拿起本书的读者，也请你接下来跟我们一道见证智能不服从在职场上的价值，看看接受过智能不服从教育的孩子应该如何在未来的职场上坚持自我。

　　通常来说，接受过智能不服从教育的孩子更可能成为有担当的公民。同时，我们生活和工作于其中的这个世界也在时时刻刻对我们施加着压力，要我们服从于权威。这就为我们成年人提出了要求，我们需要具备抗拒不当命令的能力，并为下一代营造一个鼓励智能不服从的氛围。

　　早做准备非常必要，否则就会错过最好的培训时机。让我们以21世纪最具有纪念意义的事件为例来看一下时机的重要性。

　　2001年9月11日，时任摩根士丹利添惠公司（Morgan Stanley Dean Witter）安全副总的是西里尔·理查德·里克·瑞斯科拉（Cyril Richard "Rick" Rescorla）。该公司在世贸中心大楼共有3700名职员，其中在南塔办公的有2700人。巧的是，瑞斯科拉生活在新泽西州的莫里斯镇，也就是前文所说的导盲犬训练学校的所在地。那天早上，瑞斯科拉和平常一样，开车来到了莫里斯镇车站（训练过导盲犬的同一个站台），等候早上6点的火车。

在添惠并入摩根士丹利之前，瑞斯科拉就已经是公司的安全主管了。作为一名对系统性危险特别警觉的专家，他曾在一名老战友的协助下评估过双子塔遭受恐怖主义袭击的可能性。双子塔是当时世界上最高的建筑，是西方文明的象征，随时有可能被中东极端组织所攻击。就在几年前，恐怖分子还曾策划过一系列爆炸性袭击。由于双子塔在结构上过度依赖于其内部的支撑柱，因而很容易受到破坏。瑞斯科拉和他的同事们曾向双子塔的所有者纽约港口管理局（Port Authority of New York）递交过一份详细的风险评估报告，并在其中给出了补救建议。但由于耗资巨大，这些建议未被采纳。

1993年瑞斯科拉任职期间，双子塔曾遭受过一次大规模的地下车库爆炸袭击，造成了重大的损失和伤亡。这起事件加深了瑞斯科拉对双子塔的脆弱性的担忧，因为它可能会被更致命的袭击选为目标。虽然他没能说服摩根士丹利的管理层废弃租约搬离大楼，但他的坚持还是换来了以下支持：每隔一月开展一次撤离演练来为可能发生的袭击做好准备。要知道，让摩根士丹利这样一家拥有3700名员工的纽约投资公司专门拨出时间来进行安全演练，这本身就是一件大事。据说，瑞斯科拉必须面对来自高层主管的压力，因为他们非常讨厌自己和手下员工的工作日程被打断。然而，正是这种前期的铺垫使得他们在"9·11恐怖袭击"之后的反应非常快速、有效。

2001 年 9 月 11 日早上 8 点 45 分，当第一架飞机撞上世贸中心北塔时，瑞斯科拉从他位于南塔 44 层的办公室里看到了大楼开始燃烧。可以想象他当时的肾上腺素肯定是急速飙升。不过，他不像其他人那样困惑、震惊和慌乱，因为他早已经有了应急预案并进行过多次演练。因此，当港口管理局下达通知要求大家待在座位上别动的时候，他立刻意识到应该果断抗命。这是一次典型的、没有半点儿迟疑的智能不服从行动，它拯救了数千人的生命。

瑞斯科拉一把抓起手提扩音器、对讲机和手机，开始指挥摩根士丹利的员工从南塔和相邻的世贸中心 5 号楼上有序地撤离。在他的敦促下，职员们按照平时的演练快速地完成了撤离。如果允许我们用狗来打个比方的话，瑞斯科拉彼时的行为就如同他家乡英国康沃尔郡的牧羊犬那般坚定。

除了 3 个人以外，摩根士丹利的员工最终都幸免于难。相比于"9·11"中近 2000 的死亡人数来说，这是一项惊人的成就。罹难者中就包括瑞斯科拉本人，他是在返回去搜救被困员工的过程中牺牲的。他最后的举动无愧于英雄的称号，赢得了公众的赞颂。但培养自己的忧患意识，说服管理层采取哪怕些许行动，制定应急预案，进行大规模的演练，在必要的时候运用智能不服从的能力……这些重要的经验并没有得到应有的重视。

瑞斯科拉的成功有赖于詹姆斯·瑞森教授（Professor James Reason）所讲的三个关键要素，下面我们会就瑞森的研究成果展开论述。他关注的是复杂组织中的安全问题，而复杂组织恰恰离不开智能不服从。他的分析并不基于摩根士丹利的撤离事件，但却能很好地解释该事件：

有三个要素至关重要：识别并评估可能存在的危险；制定、检验并培训一套应急预案以抵消风险；找到一种及时且有效地部署这些预案的方法，这些方法高度依赖于对情境的感知能力。其中最后一个要素又包括三个组成部分：感知当下情境中的关键因素，理解这些因素的重要性，根据它们的未来演进做出计划。

显然，在导盲犬训练中，在机组资源管理培训中，以及我们探讨过的其他各种练习中都能找到上述三个要素。不过，要想应对瑞斯科拉所面对的那种处境，还需要具备瑞森教授没有提及的第四个要素：智能不服从。不管是在培训和演练应急预案时，还是在真正的危急时刻实行这些预案时，智能不服从都必不可少。

事实上，瑞森教授在他早先所说的"与规则相关的12种行为"中提到过智能不服从，只是叫法不同而已。他对与安全问题相关的所有情形进行了综合分析和排序，其中就包括"对合理或不当的规则和程序的服从或不服从""在现有规则和程序未预见到的情况下服从或不服从"。他警告我们不要养成不服从正当规则和程序的习惯。我们要牢记这一告诫，因为罔顾所有规则和程序就不是智能不服从了。与上述12种情形相对应的，他还给出了12种可能正确的反应。其中与上面的警告相对应的是"正确地抗命"。在给定情境中，如果预见到遵守通常的规则和程序会导致不良后果，那么就要进行"正确地抗命"。在这里，"正确地抗命"就是智能不服从。

像瑞斯科拉应对恐怖袭击那样戏剧性的事例可以提醒我们，智能不服从是攸关生死的。不过，在各类组织中，在每天的日常工作中，小小的智能不服从也能起到大作用，它能让项目正常运转，让职员遵守规约，让逐利的公司不至于做出伤害客户或委托人的事而名誉扫地。

在前面几章，我们已经探讨过实施智能不服从所需的一些技能，比如具备情境意识、使用肯定语言以及寻找盟友共同对抗有害命令。在培养人们智能不服从的能力时，还有一个要素也应该被考虑进去。

紧张与反抗

我们前面尚未提到过米尔格拉姆对其实验的一个重要分析：时间节点和人际互动决定了一个人最终是选择盲目服从还是合理抗命。

回想一下，贝蒂·文森，也就是世通案中的那个中层会计师所面对的情形。当她第一次通过篡改月度财报来隐瞒公司亏损的事实时，她是犹豫的。虽然深感不安，但她还是说服自己参与了此事。从那时起贝蒂发现事情一发不可收拾。当每个月的新指标下达时，她便不得不继续篡改月度财报。直到接受内部核查时，她那深埋已久的紧张感才再度爆发。但那时已经太迟了，她已然参与了太多不法行为，最后被判处监禁。然而，她先前几乎就曾说出那个"不"字，甚至还写好了辞职信，只不过，她到底还是把辞职信撕碎了。她越帮忙隐瞒事实，就越无法从这个亲手参与编织的大网中抽身。

通过对米尔格拉姆实验纪录片的仔细分析，研究员们发现，一个人越早表明自己的抗拒态度，他（她）就越可能在实验完成前拒绝继续实验。这听上去似乎理所当然，但其中的人际互动方式却值得研究。

在绝大多数实验案例中，受试者们一方面很想配合权威人士的工作，另一方面又不想继续制造伤害，这使他们产生了紧张感。他们和权威人士之间有一种心理契约，即协助"实验者"进行研究。但当他们看到实验所造成的痛苦时，又会犹豫是继续下去还是拒绝实验。随着实验的继续，他们的紧张感也越来越强烈。于是，他们需要用各种方法来缓解这种紧张感。

对实验纪录片的分析发现，受试者们会采取一系列不断升级的行动来应对自己的紧张感。

◆ **合作阶段**。起初，受试者们协助"实验者"进行实验，没什么紧张感。

◆ **紧张阶段**。当受试者们因道德顾虑而感到紧张时，他们会试图消除这种紧张感，比如向"实验者"确认是否对这种状况早有预料，或是提醒"实验者"状况正在变得越来越糟。这些表达紧张感的方式相对比较被动。受试者们只是暗示自己的疑虑，而没发出断然的声明。如果"实验者"的回答打消了他们的疑虑，那么紧张感便得到了缓解，他们也会同意继续服从指示。如果紧张感依然存在，就会进入下一阶段。

◆ **分歧阶段**。在这一阶段，受试者们会主动地或公然地质疑实验内容，或者明确表达自己对实验后果的反感。当"实验者"坚持实验必须继续时，一些人会选择服从权威以缓解紧张感，并为自己的行为找借口（"实验者"训练有素，这并不致命，我只是照章行事等）。如果不能或不愿为继续实验找到合理理由，受试者们的紧张感就会持续，他们也会进入下一个阶段。

◆**分歧的减少或加剧**。受试者们要么因为权威的极力坚持而选择服从，以此来减少分歧、消除紧张感，要么放大分歧，果断与"实验者"划清界限，坚决拒绝继续实验。

冲动是理智的另一种形式

上述研究为我们理解智能不服从提供了一些新的视角：

首先，对米尔格拉姆实验纪录片的分析表明，一个受试者越早公开表达质疑或反对，就越可能在实验完成前终止实验。那些过了很久才表达质疑或反对的人更有可能服从命令、完成实验，以此消除自己的紧张感。服从命令的时间越久，受试者就越要为自己的行为找借口，因此也越不可能反抗权威。

其次，我们认识到，由价值观冲突所带来的紧张感必须得到缓解，而且有两种解决途径：服从和不服从。在培养人们智能不服从的能力时，要让他们明白：紧张感是不可避免的，只有直面这种不适，才可能选择正确的缓解方法。换句话说，简单地以绝对服从来缓解紧张感是远远不够的。

再次，一旦开始服从权威之后，人们就会不断自我宽慰、自我催眠，人们的服从倾向也会不断自我强化，就像有了生命一样。这种自我强化必须也能够被打断。就像武术中的借力打力一样，仅仅说出不适或要求解释并不足以终止服从倾向的不断强化，只有明确提出质疑或反对才可以打断这一过程。有力的质疑或反对更可能激起权威的强烈反应，从而使人们看清他不可能就提出的问题给予满意答复。权威或局促或专断的回应能打破盲从的魔咒，让人们恢复自主状态。

我们在日常生活中也能观察到上述规律的具体体现。不管是面对上级的命令，还是在参与一些活动时，我们时常会对一些事情感到不适，比如小联盟的教练严厉地训斥着队员，牧师在讲道台上说着令人反感的大道理，老板一再要求我们帮他掩盖错误等。是否应该提高嗓门叫停甚至纠正他们呢？我们会因为犹豫不决而紧张，而且拖得越久越紧张。最后，我们会试图缓解这种紧张感，要么是不避矛盾、亮明分歧，对他们说点什么，要么是劝慰自己这样做不合适而继续忍下去。总之，等得越久，就越可能选择息事宁人。

米尔格拉姆惊讶于有些受试者在面对有害甚至可能置人于死地的命令时，居然还能保持彬彬有礼。我们是社会性的动物，保持礼貌在多数情况下是好的。有时我们能礼貌、坚决而又有效地执行智能不服从，但在必要的时候，我们也可以无礼一点。紧要关头，能否打破盲从的魔咒往往只在倏忽之间。

写作本章时，我跟我搭档的家人们讨论过上面的内容，比如瑞森所说的三个要素，机组资源管理培训，紧急应对突发状况的能力等。他们中的一位曾是海军潜艇工程师。他分享了一个关于"将礼貌扔出窗外"的故事，对水面舰艇来说，或许可以说成是"将礼貌扔出舷窗外"。

潜艇在进行常规演习，演习的科目是上浮出水。当然，严格的操作规程可以确保潜艇顺利地上浮出水。其中一个动作是在水下150英尺时做一次360度的声呐扫描。一般情况下，声呐侦查的是潜艇的前进方向，而这次360度扫描是为了侦查是否有东西接近了潜艇的预计出水位置。扫描结果无异常。

下一个动作是将潜望镜旋转720度，以便再次确认上浮位置的周围环境。甲板上的军官执行了扫视，没有发现异常，于是许可继续上浮。

这些侦查被证明是不够的。

万幸的是，舰艇上军衔最低的一个年轻船员申请了"潜望镜特许使用权"。这一航海术语指的是请求使用潜望镜进行扫视以获得操作经验。他的申请获得了批准。

这个船员爬进了潜望塔。就在刚开始扫视时，他看到了一艘货轮径直向潜艇驶来。完全没有在意语气是否"礼貌"和"缓和"，他大声叫嚷着命令道："紧急下潜！"所有的船员都明白这个命令意味着立刻执行一系列快速下潜的操作。根据故事的讲述者——那名工程师的回忆，他当时正位于船尾处。当接到要求他全力反转引擎的命令后，他并没有进一步了解情况，而是马上执行了命令。潜艇的前进速度慢了下来。与此同时，工程师从下潜的声响中得知了潜艇正紧急下潜。几秒钟后，他清晰地听到了螺旋桨从头顶上轰鸣而过的声音。

当心跳恢复平静之后，大家继续完成了演练，潜艇安全上浮到水面。检查发现，潜艇的天线已经被货船的螺旋桨给卷走了。没有比这更惊险的擦身而过了。那个船员没有理会长官要求上浮的命令，将舰艇从灾难中救了出来，同时也可能挽救了船上那些军官的职业生涯。礼貌有时是致命的，缺少事先准备有时也是致命的。

　　另外，这个故事还提醒了我们合理服从的重要性。根据自己所接受的应急训练，这位工程师收到命令后就立即执行了。由于身在船尾，他无法通过直接可见的数据来确保命令的正确性，也无法通过可疑的数据来质疑命令。当那个低级船员无视权威喊出自己的命令时，工程师的果断服从就显得尤为重要。正是合理服从和不当服从之间的这种区分，决定了何种选择是明智的。

　　相对而言，在公司或其他组织中并不会碰到这么紧急的情况，我们通常有几小时甚至几天的时间来思考该不该服从的问题。不过，也许正是因为没有了面对紧急情况时的肾上腺素飙升，智能不服从才更难被实行。也因此，全体成员更容易墨守成规、一致服从，甚至抵制个别人的智能不服从行为。

　　由于缺少相关信息或判断失误，老板或多或少会要求下属做些不该做的事情，而下属也可能会误会老板的命令。因此，把智能不服从的基本原则融合到职业培训中去有助于组织远离灾难。有一家项目管理（project management，以下简称PM）培训公司把智能不服从作为高级PM培训的一个模块来教授。如果在项目范围不断扩大时没有考虑到它对时间线的影响和对额外资源的需求，那么项目通常会因为"使命偏离"而失败。因客户要求而导致的"使命偏离"本身已经很难处理。如果这是由上司发起的，或是上司为了讨好客户而不断增加要求，那就更难违抗了。然而每个项目经理都明白，如果"偏离"变成了"来回摇摆"，那么项目顺利完成的概率，或者说在预算内顺利完成的概率就会大大减小。作为项目的掌舵人，项目经理必须要利用一切话语权和反抗手段来完成项目。

　　智能不服从可以被单独教授，也可以被编入职场培训中去。它无疑是所有道德培训中不可或缺的部分。它是"向上管理"的重要技能，自然应该被列入这种课程。由于它探讨的是上下级之间的责任和义务，因此也可以被编入关于"领导与追随"的课程。显然，安全培训项目也应该注重培养智能不服从的意识和能力。同样的，高层团队建设需要探索避免群体思维的方法，而这可以通过培养个体的独立思考能力来实现，智能不服从正是独立思考的基础。总之，即便是接受过一点点智能不服从的训练，也能收获大量回报。

创造性智能不服从

即便组织资源有限，在职的领导者通常还是会为团队设定较高的目标，或对下属抱有较高的期待。这样的高目标有时是由某级领导自己设定的，有时是上级领导或政府指派的，有时是出于市场分析员的分析或竞争需要。当绩效压力太大时，人们就会因为不择手段而出问题，正如世通公司那样。

詹姆斯·瑞森的"成功行为的诸要素"在瑞斯科拉身上和潜艇上的船员成功应对突发灾难时都有所体现，他认为有三种病症会使组织易受伤害，而"不切实际地追求卓越——通常表现为企图实现某种特殊目标"就是其中之一。我们在世通案中可以看到，人们对于完成指标、达成目标的痴迷有多么普遍。

要应对上述情况，肯定要有所抵制，但通常来说，如果能提供一个可行的替代方案，则抵制往往更容易成功。

比如老板要求实现半年内安全事故零报告。为了达到这一目标，他会阻止下属汇报那些"鸡毛蒜皮"的安全违规事件。我已经不止一次看到过这种情况。你大概也看到过或经历过类似的事情吧，即在压力之下不得不"美化"一下数据报告。

在这种情况下，服从肯定是不明智的，但不服从又可能让你遭受排挤。因此，你需要找到一种可接受的替代方案。为了杜绝安全事故，你可以找到那些零星事故的根源，然后形成一份报告，带着你的建设性意见去找老板。尤其要跟老板强调，"不切实际地追求卓越"可能会适得其反，而追求恰当的卓越才是合理的，审慎地行动才是专业的。

组织系统本身也会阻碍那些积极主动的行为，这一点同样非常普遍。每个在传统组织中工作过的人一想到这样的经历时就会火冒三丈：当我们试图积极主动地改善工作流程、提高工作效率时，会被回以一句"这我们可做不到"。这些障碍并不是直接用命令来阻止你，而是对你的合理要求不予批准、不予支持。如此说来，一种积极主动的智能不服从是非常必要的。在私营部门，如果富有创新精神的雇员或团队遭遇了太多阻力以至于无法发展新技术、开发新产品时，那些更有勇气的人或团队会另立门户，寻求突破性进展。高科技领域不乏这样的故事，这些人后来也变得非常富有。

在公共部门，政府通常会为公众提供很少的选项，这样就为他们自己开发替代性方案留足了余地。从坏的方面看，这会导致公共服务水平很差，从好的方面看，这会促进系统内创造性智能不服从的发展。

巴里·里士满（Barry Richmond）是从印第安纳州国民警卫队退役的一位陆军上校。他对领导力话题抱有极高的热情。在为印第安纳州富兰克林学院做系列演讲之前，我有幸跟他互相分享了一些看法和故事。我让他详细讲述了他的故事，这是创造性智能不服从的典范。

作为对领导力有过真正严肃思考的人，他若有所思地说道："智能不服从是什么？是简单地不服从于不恰当的上级命令，还是不认同命令所指向的目标？是对于规范的独到见解，还是更深层次的，在某种情况下不屈服于我们为自己设立的障碍，而去寻找做当做之事的方法？"

里士满的故事是克服官僚阻力的典型案例。故事发生在"9·11"之后，他当时在印第安纳州国民警卫队的关键设备部门中担任高级职务。"9·11"发生后，国民警卫队在应对来自中东地区和周边国家的暴力极端主义中的作用越来越大。更大的使命需要更多的资源支持。下面引用的是里士满的讲述，并尽可能保留了故事中人物的真实语气。

第一个 "不"

在自然资源部（Department of Natural Resources，以下简称DNR）的军需处，一水的二手越野车（SUV）整齐地排列着，荣光闪耀。我每次驾车经过时，都会好奇它们会被怎么处置。我的营地辖区内的地方支队都迫切需要一些这样的汽车，要是……一天，我让一名军士长去DNR军需处打探下他们会怎样处理那些车。他回来告诉我，在年度超额资产拍卖中，它们会被卖给出价最高的人。原来如此。经过深入讨论我们发现，由于我们被并入了另一个州属机构——印第安纳州武装部，所以按理说 DNR 可以把它们转让给我们。我一下子就像跌进了米缸的老鼠——现在我不仅可以为我们所有的支队，也可以为别的基地指挥部争取到足够多的车辆。但在争取资源的过程中，我首先必须要忍受组织中的官僚习气，权当是一次历练吧。

我刚开始提请讨论的时候，大家都说"不，我们做不到"。我又咨询了那些认为可以办到的人并深入研究了规章制度。现在回答变成了："哦，也许可以吧，但你必须先做到 X，然后再做 Y，然后是 Z，然后是……不过顺便说一下，这些车辆没有任何维修经费……所以当它们坏了或者需要维修时，你打算怎么做呢？""我们可以在当地的修车厂自己修呀，实在修不好的话，还可以把它们推到弹着区当射击目标。"

"那好吧。"

争取到一系列"那好吧"之后，我们的申请终于获得了批准，四十辆里程数只有一万六千千米的越野车变成了武警车、后勤车等。所有需要车的人都满心欢喜。

作为读者，你可能会说："啊哈，你是不是跑题了？里士满并没有接到什么有害的命令。"

确实如此，但这才是我们可能面对的真实状况。在一个受到规则约束的社会中，我们经常会被强制命令必须做某事或一定不能做某事，被规则限制可以做什么或不可以做什么，即使我们的提议能带来好处、防止危害也毫不通融。组织中的障碍本身就是无形的。我们只是被告知某些事是不能做的，但却很少见到相关的书面规定。将这些禁令和限制告知我们的人，本身可能也没读到过相关规定，他们只是理所当然地认为在别处适用的规则同样适用于这里。

当现有规则阻止我们做积极的、正向的、有创造性的事情时，如果我们每次都选择屈服，那么我们表现出的是习得性无助而不是智能不服从。习得性无助是在心理学实验中观察到的一种现象：不论受试者想干什么，他都无法对周遭环境产生任何有意义的影响，所以干脆连尝试也放弃了。在高度规范化的社会中，个人以及所有公民都可能陷入习得性无助。学会质疑那些违反常识的规则，掌握有效进行质疑的艺术，这才是创造性智能不服从的核心能力。

社会规则为我们制造了一系列障碍，如果我们想要为社会做出贡献，就要去克服障碍、勇敢尝试。在和许多客户共事过程中，我发现有些人之所以畏首畏尾，是因为他们对特定情形只有一种理解方式。主动质询规则能够帮助我们发现不同的解读方式，而这些解读方式同样是有根据的，而且允许你开展建设性的积极行动。

如果总是对规则所制造的障碍报以冷嘲热讽，或者不停地向周围人做无谓的抱怨，说明人们已经陷入习得性无助状态。对于如何有效应对规则所制造的障碍，我们在米尔格拉姆实验中已经有了结论：那些成功抵制电击实验的人正是通过直接的质疑来打破盲从的魔咒的。通过对当下的命令提出质疑并要求有针对性的答复，可以检验规则到底是合理合法的还是错误的或适得其反的。巴里·里士满就是在研究了规章制度后提出了自己的质疑。

里士满遭遇到一系列这样的官僚性障碍。当他以意志和努力克服它们时，他也培养出了自信，具备了处理那种一辈子可能只会碰到一次的状况的能力，就像"9·11"中的里克·瑞斯科拉一样。我们也明白了里士满为什么要以智能不服从的定义开始他的故事。他敏锐地提出了这个问题："还是更深层次的，在某种情况下不屈服于我们为自己设立的障碍，而去寻找做当做之事的方法？"

大大的"不"

"9·11"惨剧彻底改变了我们的生活。为了应对我们国家可能出现的突发状况，我们现在每天都在以前所未有的紧迫感进行训练。我们在为国民警卫队、州政府和联邦伙伴寻找可以进行实战应急演练的场地。然后一名上校说："巴里，我知道在印第安纳州南部有个地方很不错，那是个即将关停的医院。"我说："我们需要的场地要比医院大好多才行。"他回答道："去看看吧，不看不知道。"然后，我就去看了看……简直难以置信。

这哪是一个医院，这是一个小镇！里面有学校、自来水厂、污水处理厂、餐厅、木工车间、电工车间、小教堂等共55座建筑，这些建筑被地下隧道连成一片，还有一个280英亩的水库，加起来一共有1000英亩。这简直就是迪士尼、训练者的天堂。我们还听说一旦医院关停之后，州政府就打算把这片建筑推平。我们需要它，必须设法保留它。但我们怎么能维护得起呢？

最初内部谈话是这样的："你疯了吗？我们怎么负担得起这个？

仅一年的维护费就超过100万美元，甚至200万，甚至更多。不，不行，肯定不行。"

巴里·里士满的创造性智能不服从又开始发挥作用了。他并没有屈服于这些障碍，而是想设法绕开它们。克服了内心的障碍之后，所有的外部障碍都不在话下。当官僚机构中的其他人认为不可能时，他并没有认输，而是想方设法说服他们，赢得他们的支持。让这些人了解一下这个场地有哪些优点，这样才会改变他们的态度。

要想在这里进行国土安全应急演练，最重要的是获得正式许可，不过这需要慢慢来。既然很多大楼都已经关闭了，那么申请暂时用作演练场地应该没问题吧。是的！

士兵们非常喜欢这个场地。我的上司，那些将军们也飞抵这里检阅操练。如今他们也深受鼓舞，认为必须拿下这个场地。

一个研究城市训练场地的专家来到这里，并站在楼顶上对这个"城市"进行了勘测。他说他去过国防部所有的城市训练中心，这是最大的也是最仿真的一个。

医院终于关停了。州政府并没有将这片建筑推倒，而是移交给了国民警卫队并拨发了一些维护经费，以便我们在获得其他资金支持之前作为过渡。

一晃十年过去了，我们新增了很多个训练场地，这些场地都是在模仿复杂的城市环境的基础上设计的，为我们提供了一系列逼真而又专业的训练场景。当时的军队训练系统还没有形成这样的观念，即投建一个逼真的、有生活气息的"城市"作为训练场地。我们打破了所有的规则。络绎不绝来到这里进行训练的人们也为我们提供了支持：

美国最大规模的国土防卫演练每年都在这里举办，北约盟国也经常来这里进行军事演练。每位到访的人都说这里是最棒的。有人问道："我们也想要一座这样的'城市'，你们是怎么得到的？"

我笑了，然后和我们的好伙伴以及支持者们紧紧相拥，是他们帮我们跋涉过了环绕在伟大创意周遭的泥潭，帮我们消灭了叮咬着梦想的血吸虫。整个过程就是这样的，努力加坚持。

是什么因素使得巴里·里士满愿意审视每一种情形，并且不让那些或模糊或明确的规则阻挡自己的前进之路的呢？他是训练有素的工程师和军人，换句话说，他明白规则的价值，一贯遵纪守法，而且对制定这些规则的组织有着强烈的责任感。

事实上，我们并不清楚驱使他采取创造性智能不服从的所有因素。在米尔格拉姆实验中，受试者的生活阅历和实际表现并没有什么关系。然而我们知道的是，里士满对自己的事业充满责任感，这是智能不服从的核心要求。完全成熟的智能不服从是对危险命令的主动出击，而不仅仅是拒绝而已。

巴里·里士满充分展现出了事业心、责任感、执行力、对情境的感知能力、独立思考的能力、直面困难的意志力等。不过，我们自身的生活经历和米尔格拉姆实验都告诉我们，不能指望大多数人天生就具有智能不服从的品质。那我们该怎么做呢？

对所有行业和领域来说，屈从于错误命令、屈服于官僚习气都会带来严重的负面后果。因此，我们要把智能不服从的要素融入入职培训和职业规划中去。也许在入职的第一天，你就需要运用智能不服从来应对某些状况，也许是在十年之后。我们需要用案例来解释一下组织文化是如何支持或遏制智能不服从的。所有的团队成员都要有责任感。当团队成员抱着负责任的态度行事时，组织文化要能够给予支持。

我们已经知道需要运用智能不服从的领域有多广——医疗、运输、能源、金融、教育和军事，这还只是其中很小的一部分。所有的职业都要提供认证培训和再教育培训，所有的公司和机构都要提供入职培训和职业发展机会。除了教授职员规章制度和标准流程之外，还应该把智能不服从编入他们的课程设置中并定期进行培训。不管我们的文化是否把智能不服从的原则融入了年轻人的社会化过程之中，所有的职业场所都要确保将这些原则讲得足够明白。只有这样，它们才能在需要的时候被激发出来。我们需要更多的里克·瑞斯科拉和巴里·里士满。我们可以坐等他们的出现，也可以主动营造一种适合瑞斯科拉们和里士满们成长的氛围。我们该怎么做呢？

让职员接受智能不服从的培训时需要注意以下几点：

1. 识别可能存在的风险，训练职员的应对能力，使他们学会根据具体情境来决定是否运用智能不服从。

2. 按照"合作阶段""紧张阶段""分歧阶段""分歧的加剧或减弱"四个阶段的划分，分步对职员进行培训，使他们学会运用事态演变的规律来做正确的事。

3. 再次强调：对于不当命令，越早明确表示质疑或反对，就越有可能破除盲从的魔咒。

4. 以礼貌而又不失坚定的方式实施智能不服从，但也要做好心理准备：在必要的时候，不妨无礼一点儿。

5. 制定这样一条规则：当接到违背政策的命令时，职员一定要坚持看到相关规定，并判断它们是否适用于当前情境。

6. 创建特定的模拟情境来培训职员的创造性智能不服从，让他们学会灵活地运用关系网来克服来自官僚组织的障碍。

7. 把智能不服从的要素融合到入职培训和职业规划中去，以此来平衡组织对标准操作流程的过分强调。

8. 作为组织的领导者，当有人在为组织做贡献的时候表现出了智能不服从，即便效果并不尽如人意，也要对他表示支持。

9. 支持并鼓励人们运用创造性智能不服从，使组织文化不至于陷入习得性无助，扼杀创新，丧失自我纠错能力。

10. 在尝试纠正某种问题，或试图以更好的方法来实现有价值的目标时，要锲而不舍、持之以恒。

结　语

改造我们的文化，从现在开始

是时候对我们探讨过的主题做个总结了。我们已经看到了智能不服从在儿童性格养成和职业培训中的重要性。在本书的结尾处，我打算在文化认同和人类文明发展的层面上谈论一下智能不服从的意义。诚然，这已经不仅仅是拒绝听命跨入车水马龙的街道这么简单了。在我看来，同样的情景意识、洞察能力和个人责任在人类活动的各个层面都有体现。

团队中的个人和权威应该怎样发挥正确的作用呢？这是人类社会由来已久的一个问题。两者之间总是有一种紧张关系，而这种紧张关系又必须保持动态平衡：如果个人藐视权威，这种文化便不能保有它的特点，不能足够有序地运转以保护所有人的权益；如果权威轻视个人，就会使其为之服务的这种文化变得不人道。

吊诡的是，文化本身所构建的价值观和实践又能保护个人的自由，使其不受由该文化自身所产生的服从压力的影响。这正是美国的立国思想，也为别的文明所称道并或多或少追求着。但我们正处于丧失这种理想的危险中，或许在很大程度上已经丧失了。

科技的飞速发展给我们带来了严峻的挑战。国家机构甚至是商业帝国能够、事实上也的确获取了其所有成员的海量信息，并能够监视他们的一举一动。如果他们能被监视，就能被操纵、被控制。如何来抗衡这种恐怖的力量呢？

当然，个人也能够运用同样的科技来联络、组织起另一个"国度"，这不失为一种强有力的抗衡。同样根本的抗衡力量还有个人的道德素养，它可以抵制纷繁社会生活中那些无端冒犯别人的命令。诺贝尔文学奖获得者、波兰诗人切斯瓦夫·米沃什（Czeslaw Milosz）说道："在众人一致缄默的房间里，真理听上去就如同一声枪响。"

的确如此，但我们已经从阅读米尔格拉姆以及其他人的著作中得知，大胆说出来只是一个开始。我们不仅要培养直言不讳的能力，而不去理会是谁穿着实验服、拿着笔记板，而且要遵照自己"内心的声音"行事，并在权威人士滥用其权力时，起来支持那些遵照其"内心的声音"而说话、行事的人。换句话说，我们必须在努力增强社会凝聚力的同时，保有个人的自由和责任。

就如同在本书开头所说的那样，我认为智能不服从比公民不服从更加宽泛，和它有关而又有所不同。异议是自由社会的基石。公众的异议有时会导致公民不服从，这是一条纠正错误和改善体制的道路。

已经存在关于这些话题的经典著作，它们也应该继续被我们的文化所珍视。

本书的课题虽然略显狭窄，但却影响深远：在现有体制内培养抵制权威的能力；塑造抵抗盲目服从的意识和规范；灌输责任意识并鼓励此类实践。

这种智能不服从的训练并不是对现有架构的一种威胁，而是要防止在此架构内的权威犯错和权力滥用。它既保护了团队中的个人，又保护了团队的真正利益。如果这种习惯能让公民更积极地质疑现有架构的基础，那就再好不过了。允许系统本身以循序渐进的方式进行自我变革和调整，从而消除颠覆性重组的可能，这是一种积极主义。

总有人天生就懂得智能不服从。人类历史上的每次重大突破都挑战或违背了当时的正统观念。那些伟大的事迹，我们人所共知，那些不怎么出名的事例，也为我们的幸福贡献颇多。英勇的个人或团队为了深层变革而不懈奋战，他们广泛地改善了不公正、不健康的社会状况。然而，很多人还是顺从或服从于他们那个时代的、具有破坏性的领导和运动。

智能不服从旨在让大多数人做好准备以区分合理服从和不当服从。它要培养对自己行为负责的文化期望和个人习惯，不管规则和命令直接来自于正式的权威人士，还是间接来自不可见的官僚系统或是带有扭曲价值观的亚文化。

这像极了分形结构，最小层面上的模式会在越来越大的层面上被不断复制。在小事上践行个人责任和智能不服从的人，同样会在生死攸关的大事上展现这些能力。一个能让年轻人具备个人责任并在合理服从和智能不服从之间取得平衡的社会，肯定能培养出充满朝气和自由精神的公民。能够充分展现这一平衡的文明将成为其他文明的榜样，并让其他文明找到关于这些原则的自我表述。

我们能够也应当从导盲犬训练中学到一些好的经验，但这种类比和技艺也无法延伸得太远，毕竟，人类的心智、社会安排、活动广度、激励服从的机制、强化服从的方法都远为复杂。即便是在理想条件下训练最优良的犬种，也不能保证它们都能成功区分合理服从和不当服从。那些无法掌握这一技艺的狗会被委派给别的任务，在那些任务中，它们即便出错也不会给其人类主人带来致命伤害。尽管如此，我们依然会将值得信赖的导盲犬视为一种重要的象征，因为我们也渴望具备这样的能力，即在收到错误命令时能够正确行事。

在知悉米尔格拉姆的实验结论五十年后，是时候将这些经验以及从其他相关领域获得的经验融入青少年教育和职业培训中去了。如果能将智能不服从的技能引入青少年的人格养成之中，我们就能确保在下一个五十年中，不会再为米尔格拉姆的结论感到恐慌，相反，我们将看到这一经验的推广如何改变了人类的行为特征。

任何对专制政权的历史有所了解的人，都会为无力改变这种状况而畏缩：从过去到现在，它们没完没了地奴役、监禁、折磨、屠杀了大量的人类同胞。与米尔格拉姆实验有所不同，这些政权运用暴力来强迫人们服从。智能不服从又如何在这种野蛮的社会背景下起作用呢？

短期来说，这么做前景有限，但长期来说，它还是会带来很大改变的。为什么呢？我们目前已经熟悉了"模因"（meme，又译弥母，迷因等）的概念——一种与生物学上的基因相类似的文化物质单元。如果引入一个模因，并在一片文化沃土上予以广泛传播，它最终会成为社会观念、群体认同和个人品质的一部分。比如说，在有些文化中，荣誉是最重要的团队认同，那么团队中的个人宁可冒着生命危险，也不愿因丧失荣誉而名声扫地。

这就是我为这本书所设定的目标：在道德养成的各个层面灌输智能不服从的价值观和技能，使其在未来成为社会认同必不可少的一部分。正如你不想被看作懦夫，你肯定也不愿被视作盲目而毫无责任感的顺服者。

如果这一目标实现了，那么心理变态的领导者就会被扼杀在萌芽中。他周围的人将宁死也不愿因盲目服从有害的命令而让自己蒙羞。他们一接到此类命令就会立刻进行抵抗而不让想成为暴君的人聚集力量。如果从米尔格拉姆的变量实验中获得的经验能够被反复灌输的话，那么第一个奋起抵抗有害命令的人就会立马得到第二个、第三个人的响应。正如米尔格拉姆实验所证实的，在这种情况下，不当服从将会降至最低点。总还有一些人会顺从，但大多数处于自主状态并对自己的行为负责的人会在人数上、声音上和行动上盖过他们。

这些都是极其崇高而又有点儿理想化的目标，但依然值得追求。借助于社交媒体所能带来的影响，也许下一代人就能有所改变。想要在今天的现实和未来的光明之间架起一座桥梁，问题只有一个：你会采取什么样的行动？

作为父母、老师、主管、经理或官员，你将如何营造一种氛围、塑造一种文化，使每个人都对自己的行为负起责任？你将如何培养团队成员，使他们只将那些符合核心价值观、能够促进团队福利的命令视为正当，且能在接受错误命令时正确行事？

我们已经听过了这样一些故事：对导盲犬、空乘人员、医护人员、军人、公司职员、我们的孩子和他们的老师进行培训，使他们具备适时服从的能力、必要时大声说"不"的能力和抵制有害命令的能力。有准备、有练习才最容易成功。要在急需这些能力之前就做好准备。或许明天就用得着这些能力，所以现在就要开始准备了。还在等什么呢？赶快行动吧！